汽车专业职业教育情境化教学通用教材
QICHE ZHUANYE ZHIYE JIAOYU QINGJINGHUA JIAOXUE TONGYONG JIAOCAI

汽车检测与故障诊断技术

主编 谭本忠

山东科学技术出版社
www.lkj.com.cn

图书在版编目（CIP）数据

汽车检测与故障诊断技术 / 谭本忠主编. —济南：山东科学技术出版社，2013（2017.1重印）

汽车专业职业教育情境化教学通用教材

ISBN 978-7-5331-6504-8

Ⅰ. ①汽… Ⅱ. ①谭… Ⅲ. ①汽车—故障检测—中等专业学校—教材②汽车—故障诊断—中等专业学校—教材 Ⅳ. ①U472-9

中国版本图书馆CIP数据核字（2013）第024016号

主编：谭本忠

编者：胡波勇 谭敦才 于海东 邓冬梅 张　青 陈海波 蔡晓兵 葛千红 胡　波 谭玉芳 张国林 曾淑琴 黄园园 刘家昌 周景良 曾瑶瑶 于梦莎 陈甲仕 张捷辉 王世根 陈新喜 何柏中 罗冬冬 张丕武

汽车检测与故障诊断技术

主编 谭本忠

主管单位：山东出版传媒股份有限公司

出 版 者：山东科学技术出版社
地址：济南市玉函路16号
邮编：250002 电话：（0531）82098088
网址：www. lkj. com. cn
电子邮件：sdkj@sdpress.com.cn

发 行 者：山东科学技术出版社
地址：济南市玉函路16号
邮编：250002 电话：（0531）82098071

印 刷 者：济南鲁艺彩印有限公司
地址：济南工业北路182-1号
邮编：250101 电话：（0531）88888282

开本：889mm × 1194mm 1/16

印张：9.25

版次：2014年1月第1版 2017年1月第2次印刷

ISBN 978-7-5331-6504-8

定价：38.00元

图书服务热线：0531-88951078

网址：www.link6868.com

丛 书 序

当前，我国职业教育正大力推行以就业为导向培训实用型人才。怎样培养出优秀的实用型人才，解决这个问题需要从改变传统的教学模式、方法入手，各地职业学院也纷纷进行教学改革，包括教材的改编与更新。这其中就包括情境化教学的试点与推广。

什么叫情境化教学，就是模拟实际的工作情境和工作任务来设置学习任务，围绕完成这项工作所需掌握的知识和技能，对学生进行培训。这样，学生在学校就能学到真正实用的知识和技能，上岗后马上就能适应工作环境，胜任工作任务。

用于汽车专业的情境化教学教材，按汽车结构的特点和维修分工的不同，分为发动机构造、电控发动机、底盘构造、自动变速器、电器、空调、安全舒适系统、汽车电脑、汽车美容与装饰、汽车文化等十八个分块。以上各个系统总成又按结构功能细分到部件，针对各部件在实际工作中可能遇到的故障，我们对大量的案例进行归纳总结，提取出最典型的事件作为学习情境的设置。

每一个学习情境就相当于一个工作任务。那么，完成这个任务必须掌握哪些理论知识（必知），需要具备哪些技能（必会），同时，在完成任务的过程中要注意哪些事项（如作业安全与环保），又有哪些经验技巧可以供参考，这些内容的讲述就构成教材情境的“骨肉”。

做什么，学什么；学什么，用什么。使之学以致用，为实用而学，这是情境化教学的最大特点。

为了突出教学效果，提高学员对知识与技能的理解程度和学习兴趣。我们为这套教材开发了相应的多媒体教学课件（与教材同步，综合教学所要用到的图片、动画、视频、文本等）和电子教学讲义。技能实际操作部分，我们全部拍制成实况录像，使学员可以身临其境地进行模仿和学习。教师若有需要可向出版社免费索取（0531-82098053）。

汽车专业职业教育情境化教学通用教材的模块组成如下：

- 发动机构造与维修
- 汽车电器构造与维修
- 自动变速器原理与维修
- 汽车空调原理与维修
- 汽车电脑原理与维修
- 汽车保养与维护
- 汽车机械基础
- 汽车美容与装饰
- 汽车电子控制技术
- 汽车底盘构造与维修
- 电控发动机原理与维修
- 汽车安全舒适系统原理与维修
- 电控柴油发动机构造与维修
- 汽车车身构造与修复
- 汽车检测与故障诊断技术
- 汽车电学基础
- 汽车构造
- 汽车文化与概论

各汽车院校与职业培训机构可以根据自开专业的教学需要选取不同的模块教材。采用情境化教学教材，实施情境化教学，将大大提升学生的学习兴趣、分析问题的能力和动手能力，同时也将为教师教学带来更多方便，使专业教学更轻松、更具实效性。

目录

第一部分

发动机电控系统的检测与故障诊断

情境一：发动机电控系统的万用表检测

一、汽车万用表

1. 汽车万用表的功能要求

在发动机电控系统故障的检测与诊断中，除经常需要检测电压、电阻和电流等参数外，还需要检测转速、闭合角、频宽比（占空比）、频率、压力、时间、电容、电感、温度、半导体元件等。这些参数对于发动机电控系统的故障检测与诊断具有重要意义。但是这些参数用一般数字式万用表无法检测，需用专用仪表即汽车万用表检测。

汽车万用表一般应具备下述功能

（1）测量交流、直流电压。考虑到电压的允许变动范围及可能产生的过载，汽车万用表应能测量大于40V的电压值，但测量范围不能过大，否则，读数的精度下降。

（2）测量电阻。汽车万用表应能测量1MΩ的电阻，测量范围大一些使用起来较方便。

（3）测量电流。汽车万用表应能测量大于10A的电流，测量范围太小则使用不方便。

（4）记忆最大值和最小值。该功能用于检查某电路的瞬间故障。

（5）模拟条显示。该功能用于观测连续变化的数据。

（6）测量脉冲波形的频宽比和点火线圈一次侧电流的闭合角。该功能用于检测喷油器、怠速稳定控制阀、EGR电磁阀及点火系统等的工作状况。

（7）测量转速。

（8）输出脉冲信号。该功能用于检测无分电器点火系统的故障。

（9）测量传感器输出的电信号频率。

（10）测量二极管的性能。

（11）测量大电流。配置电流传感器（霍尔式电流传感夹）后，可以测量大电流。

（12）测量温度。配置温度传感器后可以检测冷却水温度、尾气温度和进气温度等。

目前国内生产的汽车万用表，如“胜利~98”、笛威TWAY9206和TWAY9406A以及EDA~230等型号的汽车万用表都具有上述功能。有些汽车万用表除了具有上述基本功能外，还有一些扩展功能。例如，EDA~230型汽车万用表在配用真空/压力转换器（附件）时可以测量压力和真空度，并且它还具有背光显示功能。

2. 汽车万用表的基本结构

如图1-1所示，汽车万用表主要由数字及模拟量显示屏、功能按钮、测试项目选择开关、温度测量座孔、公用座孔（用于测量电压、电阻、频率、闭合角、频宽比和转速等）、搭铁座孔、电流测量座孔等构成。

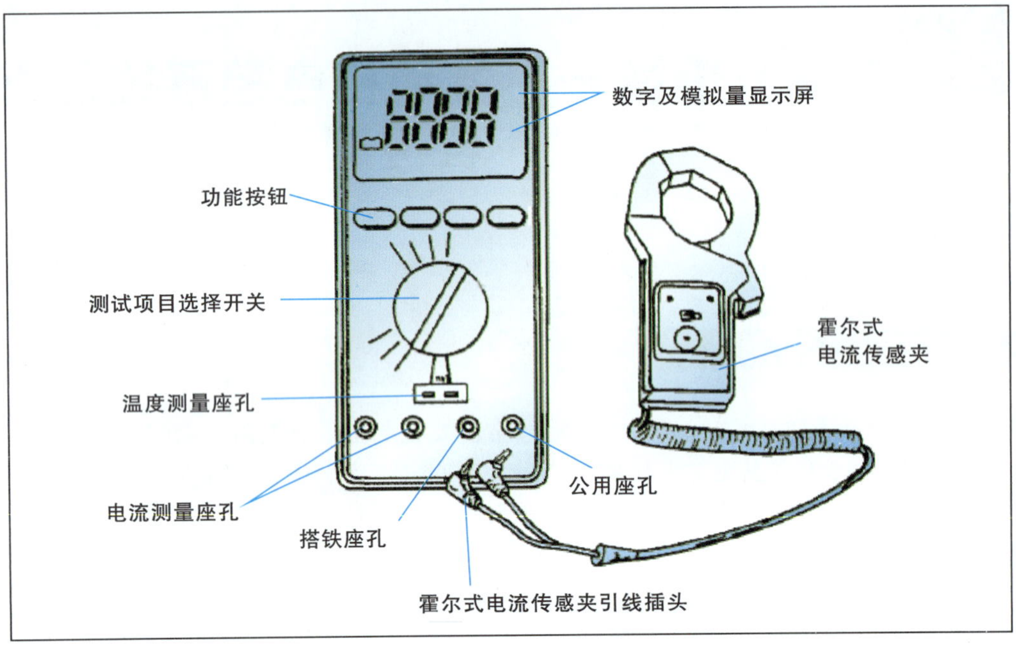

图1-1 汽车万用表及电流传感器

◆汽车万用表的量程

直流电压：400mV~400V（精度±0.5%），（1000±1%）V；

交流电压：400mV~400V（精度±1.2%），（750±1.5%）V；

直流电流：（400±1%）mA，（20±2%）A；

交流电流：（400±1%）mA，（20±2.5%）A；

电阻：0.4kΩ~4MΩ（精度±1%），（400±2%）MΩ；

频率：4kHz~4kHz（±0.05%），最小输入10Hz；

二极管检测：精度±1%dgt；

电路通断音频信号测试；

温度检测：18~300℃（精度±3℃），301~1100℃（精度±3%）；

转速：150~3999r/min（精度±0.3%），4000~10000r/min（精度±0.6%）；

闭合角精度：±0.50；

频宽比精度：±0.2%。

3. 汽车万用表的使用方法

（1）信号频率测试

测试项目选择开关置于频率（Freq）挡，黑线（自汽车万用表搭铁座孔引出）搭铁，红线（自汽车万用表公用座孔引出）接被测信号线，显示屏即显示被测频率。

（2）温度检测

测试项目选择开关置于温度（Temp）挡，按下功能按钮（℃/°F），将黑线搭铁，探针线插头端插入汽车万用表温度测量座孔，探针端接触被测物体，显示屏即显示被测温度。

（3）点火线圈一次侧电路闭合角检测

测试项目选择开关置于闭合角（Dwell）挡，黑线搭铁，红线接点火线圈负接线柱，发动机运转，显示屏即显示点火线圈一次侧电路闭合角。

（4）频宽比测量

测试项目选择开关置于频宽比（Duty Cycle）挡，红线接电路信号，黑线搭铁，发动机运转，显示屏即显示脉冲信号的频宽比。

（5）转速测量

测试项目选择开关置于转速（RPM）挡，转速测量专用插头插入搭铁座孔与公用座孔中，感应式转速传感器（汽车万用表附件）夹在某一缸高压点火线上，在发动机工作时，显示屏即显示发动机转速。

（6）起动机启动电流测量

测试项目选择开关置于400mV挡（1mV相当于1A的电流，即用测量电流传感器电压的方法来测量起动机启动电流），把霍尔式电流传感夹夹到蓄电池线上，其引线插头插入电流测量座孔，按下最小/最大功能按钮，然后拆下点火高压线，用起动机转动曲轴2~3s，显示屏即显示启动电流。

（7）氧传感器电压测量

拆下氧传感器线束连接器，将测试项目选择开关置于4V挡，按下DC功能按钮，使显示屏显示“DC”，再按下最小/最大功能按钮，将黑线搭铁，红线与氧传感器相连；然后以快怠速（2000r/min）运转发动机，使氧传感器工作温度达360℃以上。此时，如混合气浓，氧传感器输出电压约为0.8V；如混合气稀，氧传感器输出电压为0.1~0.2V。当氧传感器工作温度低于360℃时（发动机处于开环工作状态），氧传感器无电压输出。

(8)喷油器喷油脉冲宽度测量

测试项目选择开关置于频宽比挡，测出喷油器工作脉冲频率的频宽比后，再把测试项目选择开关置于频率（Freq）挡，测出喷油器工作脉冲频率（Hz），然后按下式计算喷油器喷油脉冲宽度：

$$S_P = \eta / f_p$$

式中S_P——喷油脉冲宽度/s；

η——频宽比/%；

f_P——喷油频率/Hz。

二、发动机电控系统万用表检测的使用方法

1. 电阻测量的方法

将万用表开关转到电阻（Ω）挡的适当位置并校零后，即可测量电阻值。汽车上很多电气设备的技术状态可用检测其电阻值的方法来判断，如检查电气元件和线路的断路、短路等故障。

2. 直流电压测量的方法

将开关转到直流电压（V）挡（选择合适的量程），将测试表笔接至被测两端。用测电压的方法可以检查电路上各点的电压（信号电压或电源电压）以及电气部件上的电压降。

3. 断路（开路）的检测方法

如果图1-2所示的配线有断路故障，可用“检查导通”或“检查电压”的方法来确定断路的部位。

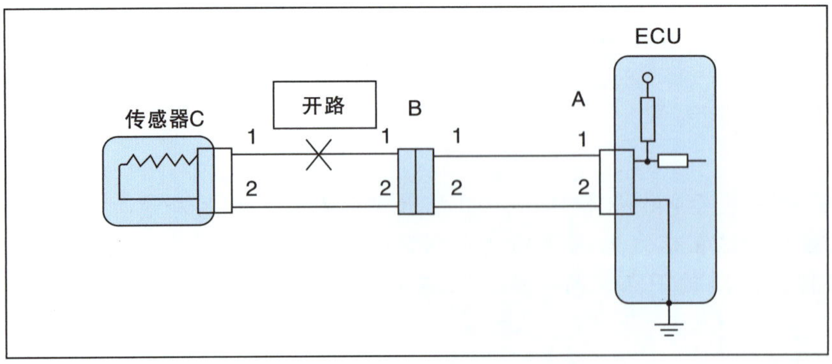

图1-2 举例用的断路检查线路

检查导通的方法

（1）脱开连接器B和C，测量它们之间的电阻值（图1-3）。若连接器A端子1与连接器C端子1之间的电阻值为∞，则它们之间不导通（断路）；若连接器A端子2与连接器C端子2之间的电阻值为0Ω，则它们之间导通（无断路）。

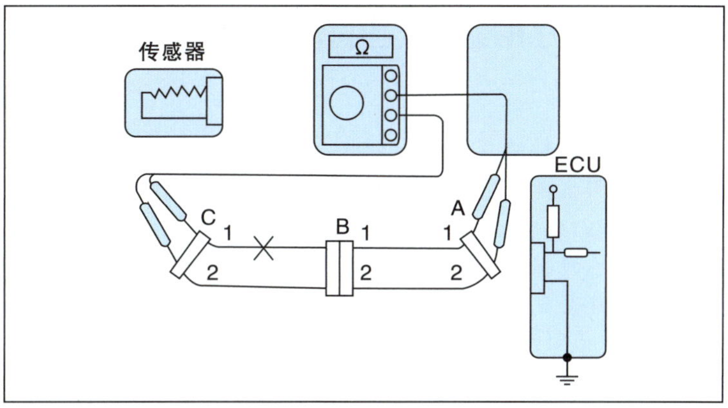

图1-3 检查配线是否导通

（2）脱开连接器，测量连接器A与B、B与C之间的电阻值。若连接器A的端子1与连接器B的端子1之间的电阻值为0Ω，而连接器A的端子1与连接器B的端子1之间的电阻为∞，则连接器A的端子1与连接器B的端子1之间导通，而连接器B的端子1与连接器C的端子1之间有断路故障。

检查电压的方法

在电脑连接器端子加有电压的电路中，可以用检查电压的方法来检查断路故障。在各连接器接通的情况下，电脑输出端子电压为5V的电路中，如果依次测量连接器A的端子1、连接器B的端子1和连接器C的端子1与车身（搭铁）之间的电压时，测得的电压值分别为5V、5V和0V，则可以判定：在B的端子1与C的端子1之间的配线有断路故障。

4. 汽车技术状况的变化规律

如果配线短路搭铁，可通过检查配线与车身（或搭铁线）是否导通来判断短路的部位（图1-4）。

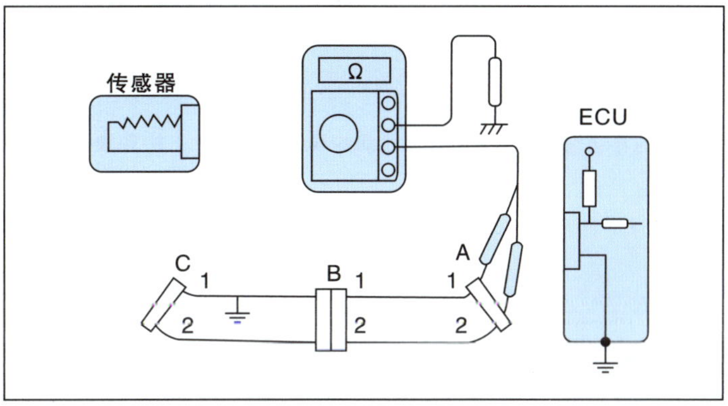

图1-4 测量有无短路

（1）脱开连接器A和C，测量连接器A的端子1和端子2与车身之间的电阻值。如果测得的电阻值分别为0Ω和∞，测连接A的端子1与连接器C的端子1的配线与车身之间有短路搭铁故障。

（2）脱开连接器B，分别测量连接器A的端子1和连接器C的端子1与车身（地线）之间的电阻值。如果测得的电阻值分别为∞和0Ω，则可以判定：连接器B的端子1与连接器C的端子1之间的配线与车身之间有短路搭铁故障。

三、发动机电控系统万用表检测的注意事项

1. 首先检查保险丝、易熔线和接线端子的状况，在排除这些地方的故障后再用万用表进行检查。

2. 除在测试过程中特殊指明者外，不能用指针式万用表测试电脑和传感器，应使用高阻抗数字式万用表，万用表内阻应不低于10kΩ。

3. 在测量电压时，点火开关应接通（ON），蓄电池电压应不低于11V。

4. 在用万用表检查防水型连接器时，应小心取下皮套，用测试表笔插入连接器检查时不可对端子用力过大。检测时，测试表笔可以从带有配线的后端插入，也可以从没有配线的前端插入。

5. 测量电阻时要在垂直和水平方向轻轻摇动导线，以提高准确性。

6. 检查线路断路故障时，应先脱开电脑和相应传感器的连接器，然后测量连接器相应端子间的电阻，以确定是否有断路或接触不良故障。

7. 检查线路搭铁短路故障时，应拆开线路两端的连接器，然后测量连接器被测端子与车身（搭铁）之间的电阻值。电阻值大于1MΩ为无故障。

8. 在拆卸发动机电子控制系统线路之前，应首先切断电源，即将点火开关断开（OFF），拆下蓄电池极桩上的接线。

9. 连接器上接地端子的符号因车型的不同而不同，应注意对照维修手册辨认。

10. 测量两个端子间或两条线路间的电压时，应将万用表（电压挡）的两个表笔与被测量的两个端子或两根导线接触。

11. 测量某个端子或某条线路的电压时，应将万用表的正表笔与被测的端子或线路接触；而将万用表的负表笔与地线接触。

12. 检查端子、触点或导线等的导通性，是指检查端子、触点或导线等是否通电而没有断开，可用万用表电阻挡测量其电阻值的方法进行检查（图1-5）。

（a）检查端子间的导通性　（b）检查导线间的导通性　（c）检查端子与地线、导线与地线间的导通性

图1-5　用万用表检测导通性

13. 在测量电阻或电压时，一般要将连接器拆开，这样就将连接器分成了两部分，其中一部分称为某传感器（或执行部件）连接器；另一部分称为某传感器（或执行部件）导线束连接器或导线束一侧的某传感器（或执行部件）连接器（或连接器套）。例如，拆下喷油器上的连接器后，其中一部分称为喷油器连接器，另一部分则称为喷油器导线束连接器或导线一侧的喷油器连接器。在测量时，应弄清楚是哪一部分连接器。

14. 所有传感器、继电器等装置都是和电脑连接的，而电脑又通过导线和执行部件连接，所以在检查故障时，可以在电脑连接器的相应端子上进行测试。

四、万用表在发动机故障自诊断中的应用

（一）万用表在丰田汽车发动机故障自诊断中的应用

1. 利用指针式万用表读取丰田轿车故障代码

下面以丰田皇冠（CROWN）3.0轿车2JZ~GE发动机为例，说明用指针式万用表读取故障代码的步骤：

（1）让发动机熄火，将点火开关置于“OFF”。

（2）打开发动机故障检测插座罩盖，用跨接线连接故障检测插座上的TE1和E1两座孔（图1-6）。

（3）将指针式万用表置于直流电压挡（量程为25V左右），把正表笔接故障检测插座上的W座孔（故障代码输出座孔），负表笔搭铁（接E1座孔）。

（4）将点火开关转置“ON”，但不要启动发动机。此时，故障检测插座内的故障代码输出座孔就会输出一串电压脉冲信号，其脉冲的形式和使发动机故障灯闪烁的电压脉冲相同。若控制系统工作正常，ECU内没有故障代码，万用表指针便以5次/s的频率连续摆动。若ECU内存有故障代码，则万用表指针以设定的摆动方式来显示故障代码。例如，当故障代码为“23”时，万用表指针先以2次/s的频率摆动2次（表示故障代码的十位数为2），然后停歇1.5s，再以2次/s的频率摆动3次（表示故障代码的个位数为3）。当ECU内存有几个故障代码时，ECU则按故障代码的大小依次输出所有储存的故障代码，相邻两个故障代码之间的停歇时间为2.5s。当ECU将所有故障代码全部输出后，停歇4.5s，ECU再重复输出全部故障代码，直至从故障检测插座上拔下跨接线。

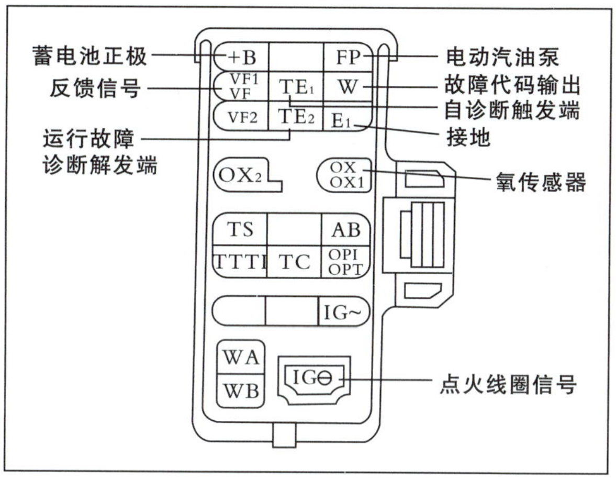

图1-6 丰田轿车故障检测插座座孔

（5）读取所有故障代码后，从故障检测插座上拔下跨接线和万用表表笔，盖好罩盖，并将点火开关转至“OFF”。

2. 氧传感器输出信号诊断模式

将电压表跨接在发动机ECU故障检测插座的OX、OX1或OX2与E1端子之间，发动机保持在正常工作温度，转速在2500r/min保持2min以上，测量氧传感器的输出电压，应在0.1~0.9V变化。若输出电压始终在0.45V以下，则表示混合气过稀；若输出电压始终在0.45~0.9V，则表示混合气过浓。

3. 空燃比浓稀修正模式

空燃比浓稀修正模式方法步骤

（1）首先清除存储在发动机ECU中的故障代码。

（2）将点火开关置于“OFF”位置，用诊断跨接线将发动机ECU故障检测插座上的TE1与E1端子跨接。

（3）用发光二极管试灯跨接在发动机ECU故障检测插座的VF（VF1）与E1端子之间，也可用电压表跨接在VF与E1端子之间。

（4）启动发动机，让发动机转速维持在2500r/min2min后，观察发光二极管的亮灭情况：在10s内亮灭8次以上或电压表电压在0~5V变动8次以上则表示空燃比正常。发光二极管一直点亮或电压表一直为5V，则表示空燃比过小，混合气过浓。发光二极管不亮或电压表一直为0V，则表示空燃比过大，混合气过稀。

（二）万用表在三菱汽车发动机故障自诊断中的应用

1. 三菱汽车发动机ECU故障检测方式及插座

三菱车系发动机ECU故障自诊断系统故障代码的读取有三种方式

（1）利用在发动机ECU故障检测插座上相应端子间连接发光二极管（LED）或指针式万用表（电压挡）来读取故障代码。

（2）利用诊断跨接线跨接发动机ECU故障检测插座上相应端子，由仪表板上的故障指示灯闪烁规律读取故障代码。

（3）利用点火开关ON~OFF~ON~OFF~ON操作，由仪表板上的故障指示灯闪烁规律来读取故障代码。

三菱车系的发动机ECU故障检测插座的形式如图1-7所示。

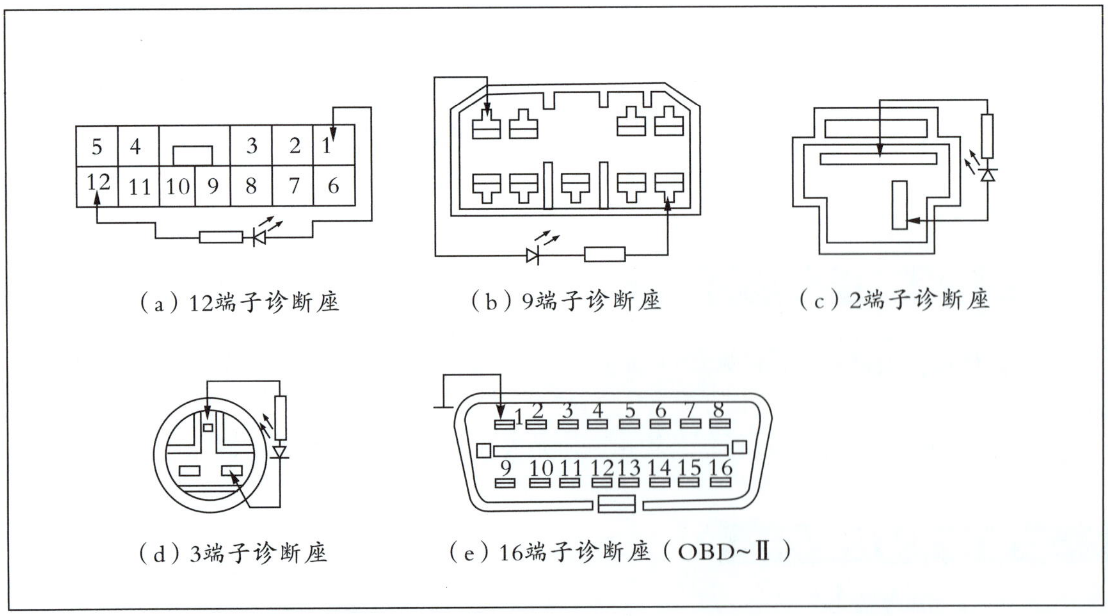

图1-7 三菱车系接法故障检测插座的形式（万用表接法与二极管相同）

12端子发动机ECU故障检测插座各端子的含义如表1-1所示。16端子发动机ECU故障检测插座各端子的含义如表1-2所示。

表1-1 12端子发动机ECU故障检测插座端子说明

端子	连接部位	功用
1	发动机ECU故障诊断输出端子1号	连接现实等调取故障代码
2	P/S（EPS）动力转向系统诊断输出	EPS故障诊断
3	ESC悬架系统诊断输出	ESC故障诊断
4	ABS故障诊断输出端子	ABS故障代码调取
5	巡航系统诊断输出端子	巡航系统故障代码调取
6	自动变速器故障诊断输出端子	自动变速器故障代码调取
7	空端子	~
8	安全气囊故障诊断输出端子	安全气囊故障代码调取
9	中央门控系统	~
10	点火正式调整跨接线	调整点火正时时将此端子搭铁
11	VSS信号输出（车速信号）	车速信号输出
12	搭铁	~

表1-2 16端子发动机ECU故障检测插座端子说明

端子	端子说明	端子	端子说明
1	发动机、ABS自诊线（1.8L发动机=43号）	4	搭铁
2、9、11、15	空	5	搭铁
3	悬架自诊线	6	自动变速器自诊线（A/T=9号）
7	发动机ECU30号端子或65号端子	13	巡航控制自诊线（C/C=24号）
8	ABS系统自诊线（ABS=22号）	14	发动机ECU66号端子，自动变速器发动机ECU18号端子
10	发动机诊断线（1.5L发动机=43号）	16	电源
12	安全气囊自诊线（SRS=9号）		

2. 三菱汽车发动机ECU故障自诊断系统的使用方法

（1）利用LED灯读取故障代码

对于具有12端子、9端子、2端子和3端子发动机ECU故障检测插座的三菱汽车均可利用LED灯读取发动机ECU控制系统的故障代码，其方法如下。

①LED灯可以自制。用一个发光二极管，串取一个470Ω的电阻，再连两个插脚，便制成一个LED灯（图1-8）。

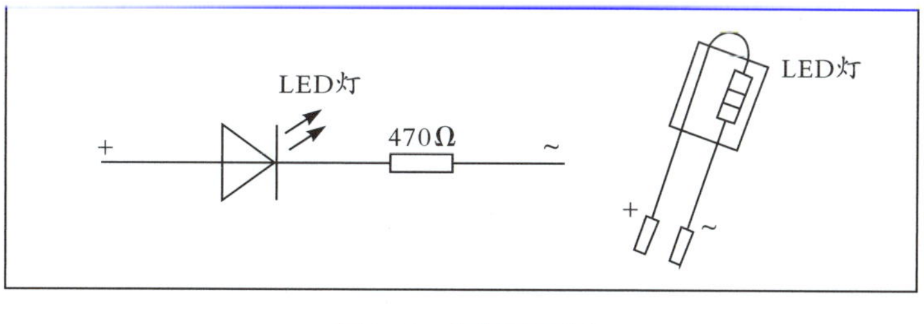

图1-8 自制LED灯

②将点火开关置于“OFF”位置。

③用LED灯正极接在12端子发动机ECU故障检测插座的1号端子上，负极接在其12号端子上（9端

子、2端子、3端子发动机ECU故障检测插座连接方式分别如图1-7（b）（c）（d）所示。

④将点火开关转至“ON”位置上，观察LED灯闪烁的时间和次数（亮的时间较久的为故障代码的十位数，较短的是个位数），读取故障代码。

⑤故障排除后，将点火开关转至“OFF”位置上，拆下蓄电池负极搭铁线15s以上，即可清除故障代码。接回蓄电池负极搭铁线，再次读取故障代码，确认故障原因是否已被排除。

（2）利用指针式万用表读取故障代码

①将点火开关关掉（置于“OFF”位置）。

②将指针式万用表设置在直流电压（20V）上，并将指针式万用表连接在发动机ECU故障检测插座上。对于12端子发动机ECU故障检测插座，万用表的正极接在1号端子（自诊断输出端），万用表的负极接在12号端子（搭铁端）。对于9端子、2端子、3端子的发动机ECU故障检测插座，可参考LED灯的连接方式连接指针式万用表。

③将点火开关转至“ON”位置上，观察指针式电压表指针的摆动情况读取故障代码。故障代码的表示，是依靠12V的脉冲信号，用长、短脉冲指示。长的脉冲代表十位数，短的脉冲代表个位数。例如故障代码“13”，则输出1个长波、3个短波；故障代码“43”，则输出4个长波、3个短波。反映在指针式万用表指针的摆动上，停留时间久的，即是长波（十位数码），短暂停留的，则是短波（个位数码）。若发动机ECU控制系统工作正常，则万用表指针以一固定频率连续摆动。

④故障代码的清除。将点火开关转至“OFF”位置，拆下蓄电池负极搭铁线15s以上，即可清除故障代码。

情境二：发动机电控系统的组成原理与检测诊断

一、发动机电控系统简介

1. 发动机电控系统的组成与工作原理

发动机电子控制系统的应用已经十分普遍。汽油机电子控制系统的核心问题是燃油定量和点火正时；柴油机电子控制系统的核心问题是燃油定量和喷油定时。除此之外，在发动机部分利用电子控制技术的内容还有废气再循环（EGR）、怠速控制（ISC）、电动油泵、发动机输出、冷却风扇、发动机排量、节气门正时、二次空气喷射、发动机增压、油气蒸发及系统自我诊断功能等，它们在不同的车型上都有或多或少的应用。汽车发动机电子控制系统与其他电子控制系统一样，都是由传感器、电子控制单元（ECU）和执行器组成的。

电子控制燃油喷射系统（EFI）简称汽油喷射。它是汽车汽油发动机取消化油器而采用的一种先进的喷油装置。使用EFI，汽车发动机燃烧将更充分，从而提高功率，降低油耗，实现低公害排放的目的。当EFI功能与发动机其他功能结为一体时，称“发动机管理系统（EMS）”，这将达到更高要求的环保目标。它以一个电子控制单元（ECU）控制中心，利用安装在发动机不同部位上的传感器测得发动机的各种工作参数，按照在计算机中设定的控制程序，通过控制喷油器精确地控制喷油量，使发动机在各种工况下都能获得最佳浓度的混合气。此外，电子燃油控制喷射系统通过计算机的控制程序还能实现启动加浓、减速调稀、强制断油、自动怠速控制等功能，满足发动机特殊工况对混合气的要求，使发动机获得良好的燃油经济性和排放性，也提高了汽车的使用性能。

（1）传感器

传感器是一种以一定的精确度把被测的物理量转化为与之有对应关系、便于应用的物理量的测量装置。车用传感器是汽车计算机系统的输入装置，它把汽车运行中的各种工况信息转化成电信号输入计算机，以使发动机处于最佳工作状态。车用传感器形式多种多样，有空气流量传感器、进气压力传感器、发动机转速与曲轴位置传感器等。

（2）电控单元

电控单元是电子控制单元（ECU）的简称。电控单元的功用是根据其内存的程序和数据对空气流量计及各种传感器输入的信息进行运算、处理、判断，然后输出指令，向喷油器提供一定宽度的电脉冲信号以控制喷油量。电控单元由微型计算机、输入、输出及控制电路等组成。电子控制单元又称“车载电脑”等。从用途上讲则是汽车专用微机控制器，也叫汽车专用单片机。它和普通的单机一样，由微处理器（CPU）、存储器（ROM、RAM）、输入/输出接口（I/O）、模数转换器（A/D）以及整形、驱动等大规模集成电路组成。

(3) 执行器

执行器是接受ECU控制，具体执行某项控制功能的装置。电控燃油喷射系统的执行器主要是喷油器，另外，ECU还对电动燃油泵起到控制作用。

如图1-9所示为德尔福MT20发动机控制系统的组成图。德尔福MT20发动机控制系统是以MT20及MT20U发动机控制模块（ECM）为核心的系统，其特征是电脑闭环控制、多点燃油顺序喷射、无分电器分组直接点火和三元催化器后处理。

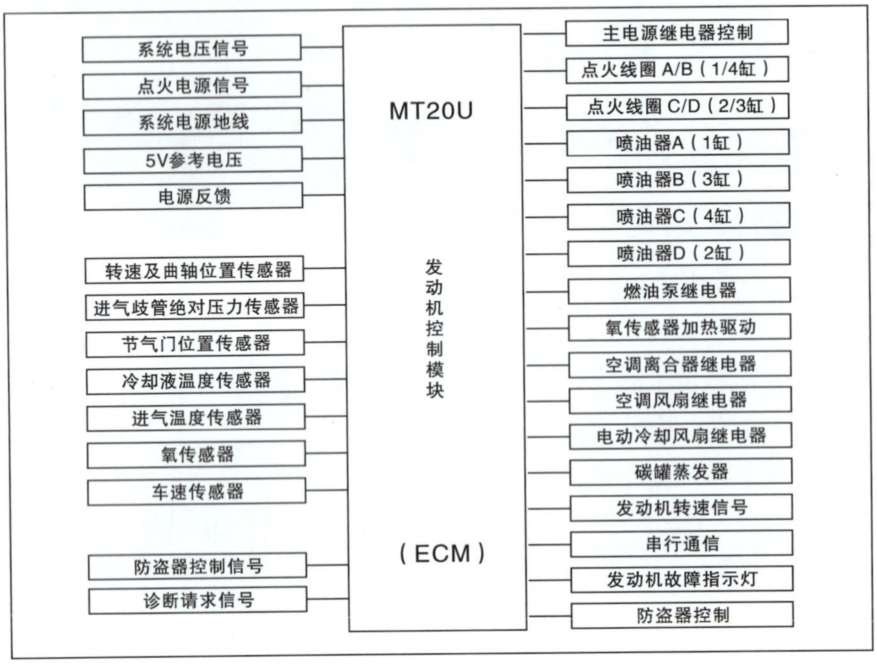

图1-9　德尔福MT20发动机控制系统

2. 发动机电控系统功能

(1) 曲轴位置传感器

系统根据58X齿信号判断曲轴位置并测量发动机转速，精确控制发动机点火及喷油正时。

(2) 速度密度型空气流量计

ECM通过进气温度和进气歧管压力传感器对进入汽缸的空气量进行计算，确定进入汽缸的空气量，并通过控制供油量使空燃比符合各工况的要求。

(3) 判缸顺序控制

为实现系统对发动机的顺序控制，系统可采用两种判缸形式，一种是常规的凸轮轴判缸技术，另一种是德尔福独有的歧管压力判缸技术，本车采用的是常规的凸轮轴判缸技术。

（4）闭环控制

系统对发动机的供油和怠速采用的是闭环控制，闭环控制的优点是系统有能力消除系统及相关机械零件因制造和使用磨损产生的差异，提高整车的综合一致性，降低排放。

（5）分组控制

系统将发动机汽缸分为1-4，2-3两组，分别进行点火的控制；分组控制使系统的结构得到优化和简化，从而降低零部件及制造加工的成本。

（6）燃油喷射系统功能

采用速度密度法、多点顺序喷射，每个发动机循环通过主脉宽及修整脉宽实施精确供油，并具有闭环控制和自学习功能；硬件采用德尔福第三代喷油器、最新型油压调节器。

（7）油泵控制

点火开关打开后，油泵将运转1.5秒，如果没有检测到有效的58X信号（CKP），油泵停止运转；发动机开始转动，ECM检测到2个有效的58X信号后，油泵开始运转。失去转速信号后0.8秒或防盗器要求关闭油泵，油泵停止运转。

（8）怠速控制功能

怠速控制功能是指在节气阀关闭状态下系统对发动机转速的控制。目标怠速是根据诸多输入信号决定的：

当发动机水温较低时，系统给出较高的目标怠速以加速暖车；而对于采用机械风扇的发动机，当发动机冷却液温度过高时，系统也会施以较高的怠速，目的是增加冷却水箱的进风量；外加负载（如空调、动力转向及各种用电器负载等）发生变化时，系统将提高怠速，以补偿增加的负荷，保持怠速的稳定。

（9）发动机混合气的修正

发动机在正常工作温度下，其部分负荷控制为闭环燃油控制。此时，系统根据氧传感器反馈的电压信号，通过发动机电子控制模块对喷油量进行实时修正从而调整混合气浓度在理论空燃比附近，以保证三元催化转化器对排气中有害气体转换效率达到最佳状态，同时可以保证较好的燃油经济性。

（10）故障的自我诊断

系统故障的自我诊断是发动机控制系统必不可少的一项功能；系统中的一个或几个零部件工作异常时，系统会及时地通过故障指示灯显示提醒车辆用户进行必要的检查和维修；在上述故障发生时，系统还可采用临时应急方案控制发动机工作，以保证用户将车辆驾驶到维修站维修而不致于抛锚路边。

二、发动机电控元件的原理与检测诊断

下面以德尔福MT20U电喷系统为例介绍发动机电控元件的原理与检测诊断。

1. 进气压力和温度传感器

(1) 组成和工作原理

MT20U电喷系统采用速度密度空气计量法，检测进入发动机内的空气量，进而控制喷油脉宽，精确控制发动机动力输出。进气压力和温度传感器如图1-10所示。

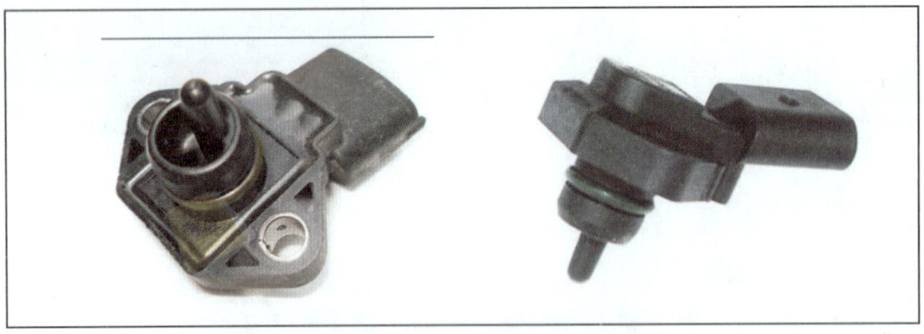

图1-10 进气压力和温度传感器

进气压力传感器内部的压力膜片与一个放置在线圈内的磁铁芯相连，当进气管内进气压力发生变化的时候，膜片就带动铁芯移动，此时传感器的输出电压就产生了变化，ECU根据传感器的输出电压就可以换算出发动机的进气量，发动机以此信号为基础，参考其他信号，用于发动机的喷油量控制。

进气温度传感组件是一个负温度系数（NTC）的电阻，随着进气温度的升高电阻值降低，发动机ECU通过内部的一个对比电路来监测进气温度的变化。

(2) 故障检测

主要检查传感器上4根线和ECU之间的连接是否出现短路、断路。

传感器检测孔是否被堵塞。

传感器线束间是否出现短路、断路、接地现象。

传感器是否受过撞击，导致传感器失效。

检测压力范围：10~110kPa。

工作温度范围：−40～125℃。

(3) 针脚连接

进气压力和温度传感器与ECU的连接电路如图1-11所示。

1号——传感器地线（接ECU42#）。

2号——进气温度传感器信号（接ECU4#）。

3号——标准5V电源（接ECU27#）。

4号——进气压力传感器信号（接ECU21#）。

工作电压：5.0±0.1V。

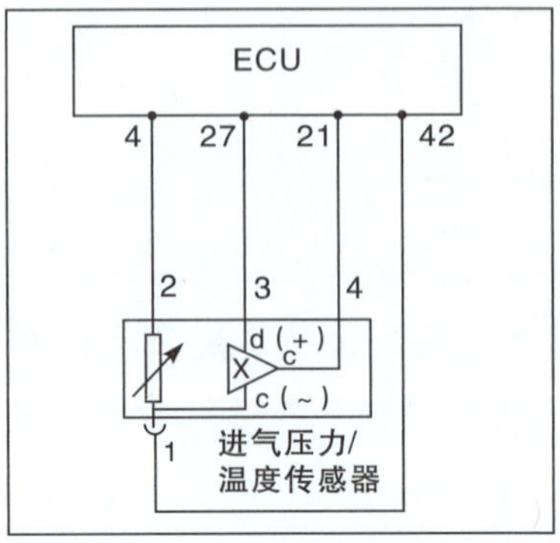

图1-11 进气压力和温度传感器电路

2. 节气门位置传感器（TPS）

（1）用途

节气门位置传感器（图1-12）用于向ECU提供节气门转角、转角速率以及发动机怠速位置信息。根据这个信息，ECU可以获得发动机负荷信息、工况信息（如启动、怠速、倒拖、部分负荷、全负荷）以及加速和减速信息。本传感器为三线式，ECU通过监测电压变化来检测节气门开度。

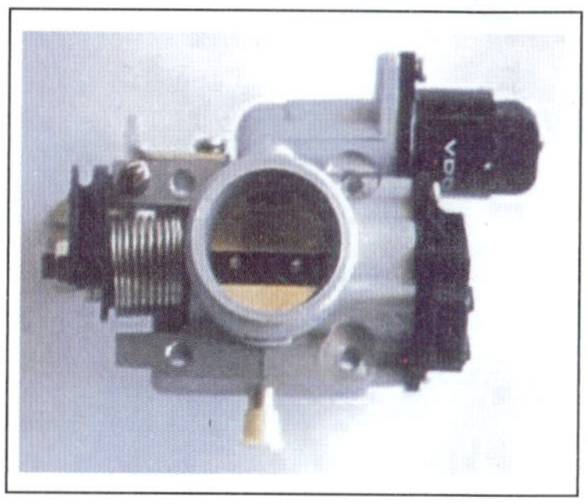

图1-12 节气门位置传感器

（2）组成和原理

该传感器的结构为滑动电阻片式（即线性可变电阻式、电位计式），ECU通过监测信号输出端的电压，在计算机内部通过对比电路，获得节气门的开度信号。ECU内部并不直接接收电压信号，而是检测输出输入信号比值，这样可以防止由于电压波动所导致的信号波动问题。

（3）故障检测

主要检查传感器上3根线和ECU之间的连接是否出现短路、断路。

传感器线束间是否出现短路、断路、接地现象。

用万用表检测传感器信号端和地线之间在节气门开关的时候是否有跳动。

检查传感器阻值是否超出标准值很多，有可能是传感器内部脏污。

工作电压：5±0.1V。

开度范围：7%～93%。

传感器阻值：3～12kΩ。

节气门关闭时输出信号：0.612～0.588V。

节气门全开时输出信号：4.15～4.65V。

（4）针脚连接

节气门位置传感器与ECU的连接电路如图1-13所示。

1号——标准5V电源（接ECU20#）。

2号——传感器地线（接ECU5#）。

3号——传感器信号（接ECU24#）。

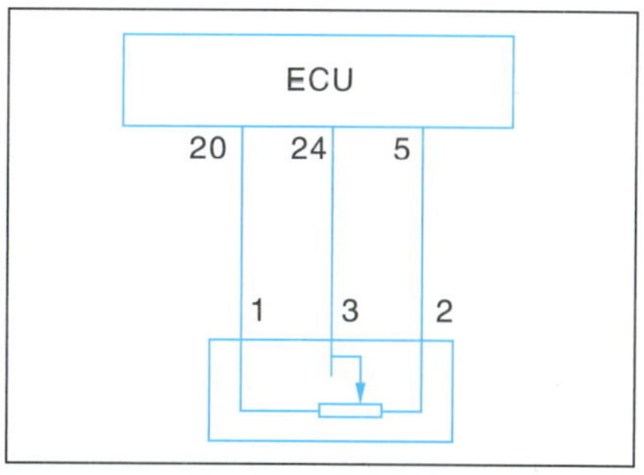

图1-13 节气门位置传感器电路

3. 冷却液温度传感器

（1）用途

冷却液温度传感器（图1-14）用于提供冷却液温度信息，为发动机ECU提供水温信号，用于启动、怠速、正常运行时的点火正时、喷油脉宽的控制，同时向仪表提供水温信号，用于仪表的水温显示。水温信号是发动机冷启动最重要的信号，冷启动过程中的喷油量就是由水温传感器提供的信号决定的。

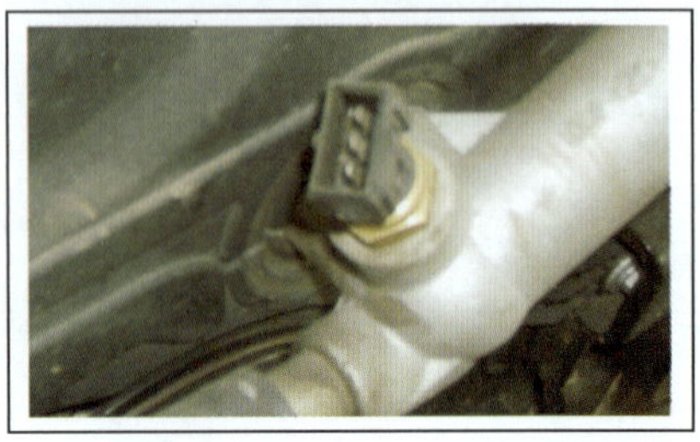

图1-14　冷却液温度传感器

（2）组成和原理

冷却液温度传感器是一个负温度系数的热敏电阻，其电阻值随着冷却液温度上升而减小，冷却液温度降低，其阻值增大，但不是线性关系。ECU根据传感器输出的信号，通过内部对比电路监测水温的变化。

（3）故障检测

主要检查传感器上3根线和ECU、仪表之间的连接是否出现短路、断路。

传感器线束间是否出现短路、断路、接地现象。

线路搭铁、搭铁不良，容易造成发动机水温表指示温度过高。

工作电压：5V（直流电）。

工作温度范围：-40~135℃。

（4）针脚连接

冷却液温度传感器与ECU的连接电路如图1-15所示。

本传感器共有3个针脚:

1号——传感器地线（接ECU5#）。

2号——水温传感器信号（接ECU43#）。

3号——至仪表水温表。

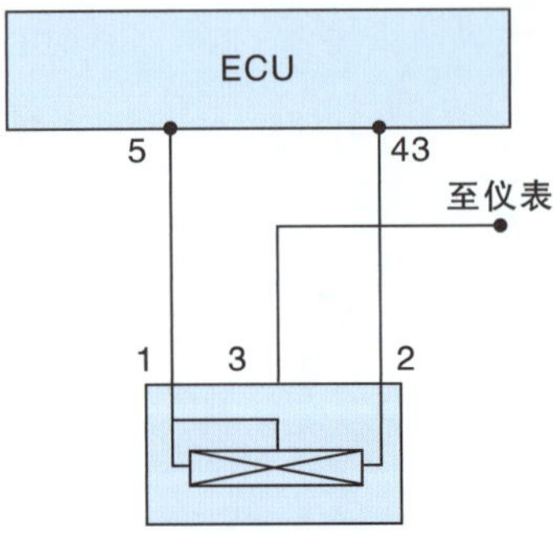

温度值	电阻值
0℃	9399Ω
20℃	3511Ω
60℃	671Ω
90℃	241Ω

图1-15　冷却液温度传感器

4. 爆震传感器

（1）用途

爆震传感器（图1-16）用于向ECU提供发动机爆震信息，进行爆震控制。

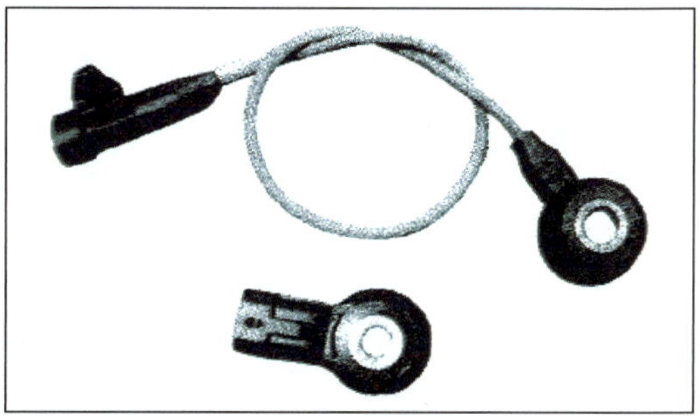

图1-16 爆震传感器

（2）组成和原理

爆震传感器是一种振动加速度传感器，装在发动机汽缸体上，一般安装在2、3缸之间，有利于发动机爆震平衡，ECU利用爆震传感器输出的振动频率信号通过ECU内部滤波，进而判断发动机是否发生了爆震，当检测到爆震信号的时候，ECU会逐步减小，直到不发生爆震为止，然后再逐步恢复，直到爆震边缘，如此反复。

（3）故障检测

主要检查传感器上2根线和ECU对应针脚之间的连接是否出现短路、断路。传感器与缸体之间是否压合不良，或者传感器和缸体之间是否有异物。

工作温度区间：-40~150℃。

电阻值：大于1MΩ。

（4）针脚连接

爆震传感器与ECU的连接电路如图1-17所示。

1——爆震传感器信号1（ECU5#）。

2——爆震传感器信号2（ECU69#）。

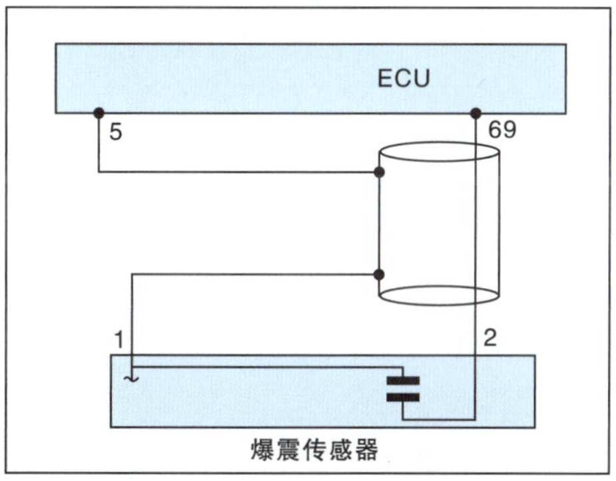

图1-17 爆震传感器电路

5. 氧传感器

（1）用途

传感器（图1-18）用于提供喷入发动机汽缸中的燃油在吸入的空气中完全燃烧后氧是否过剩的信息。ECU利用这一信息可以进行燃油定量的循环控制，使得发动机排气中三种主要的有毒成分即碳氢化合物、一氧化碳和氮氧化物都能在三效催化转化器中得到最大程度的转化和净化。

（2）组成和原理

氧传感器的传感组件是一种带孔隙的陶瓷管，管壁外侧被发动机排气包围，内侧通大气。传感器根据内外侧的氧浓度差间接计算出燃油喷射的脉宽传送给ECU，由ECU再次控制喷油。同时，检测后氧传感器输出数据，在ECU内部将前后氧传感器的数据进行对比，监测三元催化的工作是否良好。

氧传感器的工作电压在0.1～0.9V波动，10s应该变化5～8次，低于这个频值说明传感器老化，需要更换。该传感器无法修复。

图1-18 氧传感器

（3）后氧传感器

后氧传感器的构造、检测同前氧传感器基本上没有什么区别，但是车辆上配置前后氧传感器的目的却是大不相同的。

前氧传感器修正空燃比，后氧传感器检测触媒的效率，点亮发动机故障灯。前后氧传感器的作用和信号波形如图1-19所示。

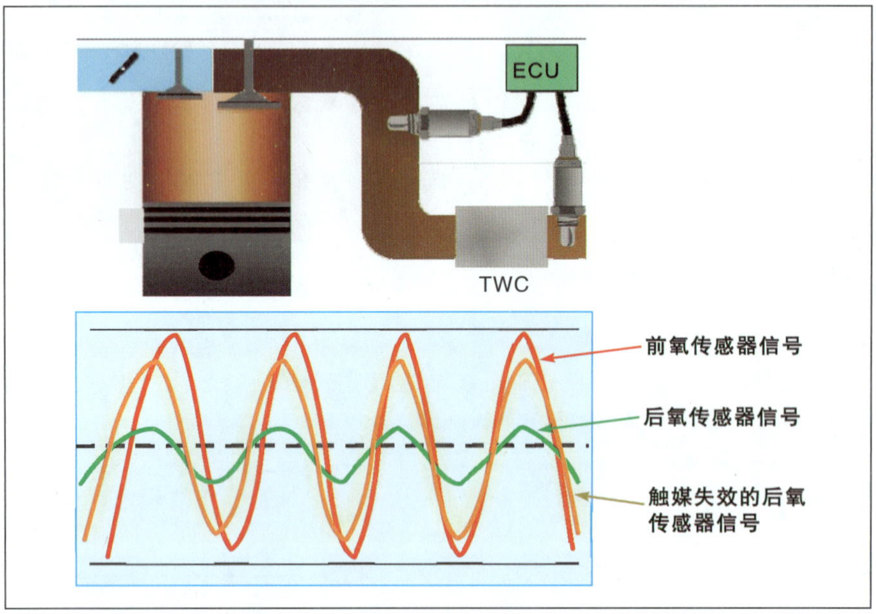

图1-19　氧传感器的作用和信号波形

（4）故障检测

主要检查传感器上几根线的插接连接是否良好，是否有短路、断路现象。

传感器损坏一般都是由铅、磷中毒所引启的，因此应注意油品问题，同时发动机机油消耗过量也容易导致传感器故障。

氧传感器的变化应该在一定时间内不少于一定的次数。

（5）针脚连接

氧传感器与ECU的连接电路如图1-20所示。

接头都有4个针脚：

1号——氧传感器信号低电平（接ECU6#）。

2号——氧传感器信号高电平（接ECU62#）。

3号——接主继电器电源。

4号——传感器加热线控制（接ECU61#）。

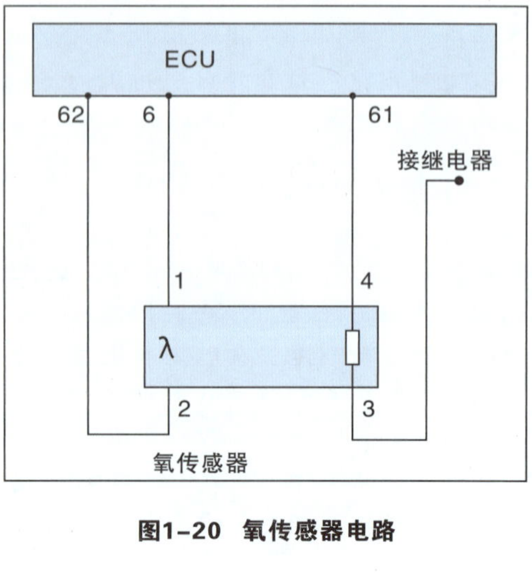

图1-20　氧传感器电路

6. 电子控制单元（ECU）

（1）用途

ECU是一个以微处理器为核心组成的具有传感器信号输入接口，执行器驱动电路的电控发动机控制中心，它接收和处理各传感器输入的发动机状态信号，并向执行器发出控制信号，使发动机按照预定的程序工作，并使发动机工作于最佳状态，确保良好的动力性、燃油经济性和排放性。

正常运行电压：9~16V。

过电压保护：+24V/~12V<60秒。

（2）组成

带屏蔽的外壳和印刷电路板，在电路板上集成了很多的电子控制单元用于电喷系统的控制。

（3）故障检测

电控单元（ECU）的故障率很低，因此不建议一般故障都以更换ECU来解决问题。应先排查外围线路、传感器等组件的故障，确认外围件无故障后，再更换ECU。

7. 电动燃油泵

（1）用途

电动燃油泵（图1-21）以一定的油压和流量将燃油从油箱输送到发动机供油总管，并保持稳定的油压（通过油压调节器来实现）。

（2）组成和工作原理

电动燃油泵由直流电动机、叶片泵和端盖（集成了止回阀、泄压阀和抗电磁干扰组件）等组成泵和电动机同轴安装，并且封闭在同一个机壳内。电动燃油泵出口的最大压力由泄压阀决定，在450~650kPa。但是整个燃油系统的压力却是由燃油压力调节器决定的，MT20U电喷系统一般为350kPa。

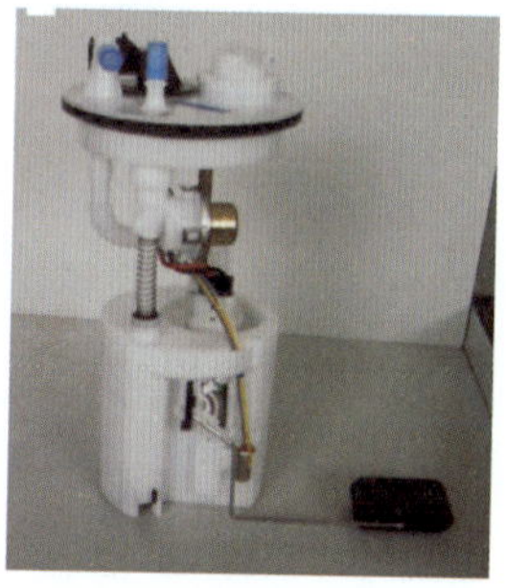

图1-21 电动燃油泵

说明

当车辆油箱长期处于缺油、少油状态时，油泵得不到良好的润滑，导致油泵烧结烧毁。

燃油的温度对燃油泵的性能影响比较大，长期处于高温状态下运转时，当燃油温度高于一定温度时燃油泵的泵油压力急剧降低，因此当热车发动机不能启动时请仔细检查是否为燃油泵的高温工作性能不好。

油泵的润滑、冷却靠油箱内的汽油来实现。

本车油箱为马鞍形，有2个装配油泵口。

泄压压力：<900kPa。

工作压力：8~16V。

油泵阻值：<130Ω。

副油箱内的喷射泵负责将回油泵回主油箱。

（3）针脚连接

电动燃油泵与ECU的连接电路如图1-22所示。

电动燃油泵有两个针脚，一个用于连接油泵继电器。

两个针脚旁边的油泵外壳上刻有“+”和“—”号，分别表示接正极和负极。ECU47#脚控制燃油泵继电器。

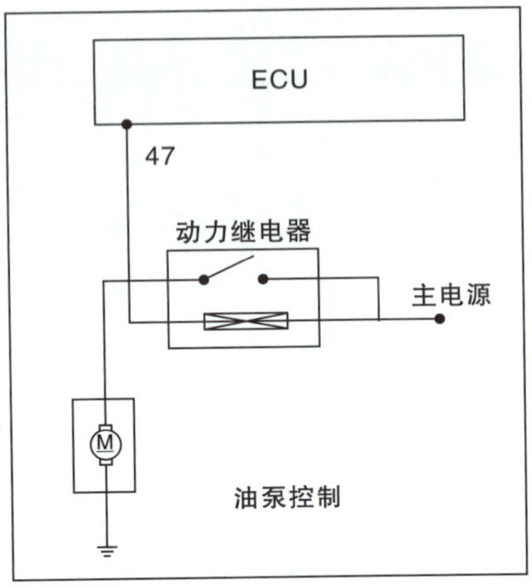

图1-22 电动燃油泵电路

（4）故障排除

油泵的故障一般表现为油压不足、不泵油等，排除故障时一般应该检查系统油压是否在规定值范围内，管路是否泄露。另外，油箱正压、负压均会影响燃油系统。

8. 电磁喷油器

（1）用途

MT20U采用顺序燃油喷射技术，顺序喷射信号由进气压力传感器提供，若进气压力传感器损坏，则依照点火顺序，采用分组喷射的方式进行控制，喷油器根据ECU的指令，在规定的时间内喷射燃油，借此向发动机提供燃油并使其雾化。

（2）电控单元

ECU发出电脉冲给喷油器线圈，形成磁场力。当磁场力上升到足以克服回位弹簧压力、针阀的重力和摩擦力的合力时，针阀开始升起，喷油过程开始。当喷油脉冲截止时，回位弹簧的压力使针阀重又关上。电喷系统的油轨和喷油器如图1-23所示。

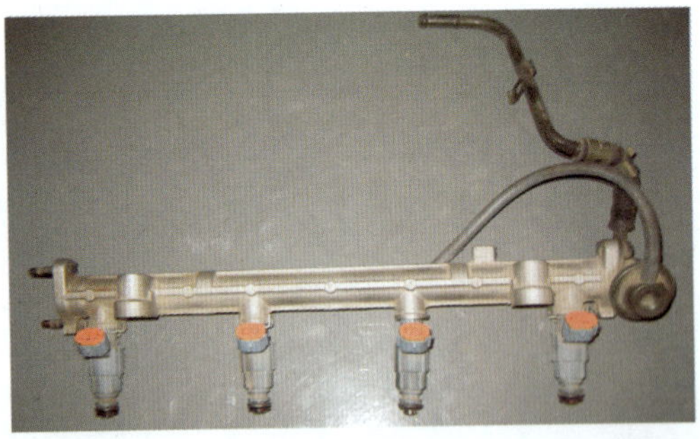

电磁喷油器

图1-23 油轨和喷油器

（3）针脚连接

喷油器与ECU的连接电路如图1-24所示。

针脚：

1号——1缸喷油器控制极（接ECU55#）。

2号——2缸喷油器控制极（接ECU70#）。

3号——3缸喷油器控制极（接ECU56# ）。

4号——4缸喷油器控制极（接ECU71#）。

4个喷油器的另一根线连接在一起，由发动机主继电器供电ECU控制喷油器搭铁。

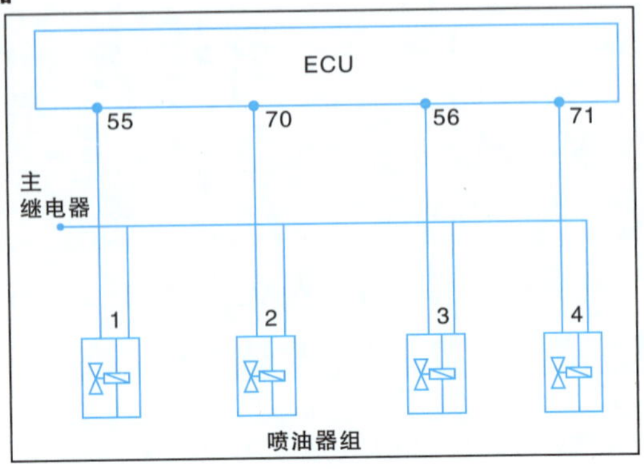

图1-24 喷油器电路

(4) 故障排除

喷油嘴一般是由于发动机使用周期较长，导致喷油嘴喷油不畅、雾化不良。可定期清洗喷油嘴。喷油嘴故障内部线圈短路、断路也会导致喷油系统故障。系统线路是否有造成的短路、断路现象。由于长期使用不合格燃油，燃油在喷油嘴喷孔处黏结，容易导致怠速不稳。

9. 怠速步进电机

(1) 功能

怠速步进电机（图1-25）控制节流阀体内旁通通道的空气流通面积，进而控制了发动机的进气量，ECU根据各传感器送来的信号，可将发动机转速控制在目标转速范围内，目标转速可根据冷却液温度进行标定。

图1-25 怠速步进电机

(2) 组成和原理

如图1-26所示，步进电机的实质就是一台微型的电机，由于给电机的线圈通上不同方向的电流，电机便会按照不同的方向旋转，电机的旋转轴带动丝杠运动，间接地控制了阀门的开度，MT20U发出数字化方波信号控制电机的正反转，进而控制步进电机的行程。

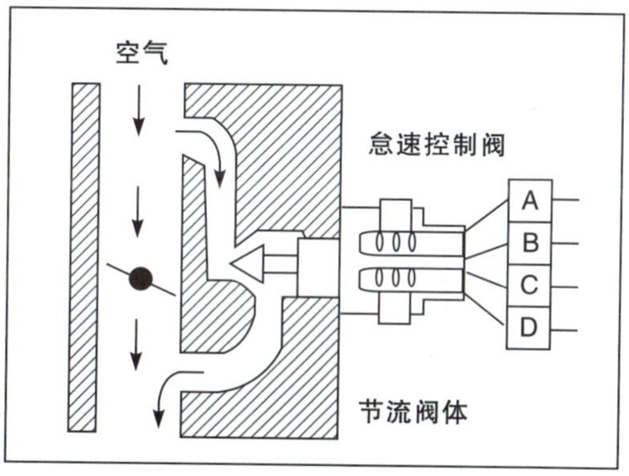

图1-26 怠速执行器步进电机

(3) 故障检测与诊断

ECU能监测怠速步进电机两个线圈的短路、断路，并在出现这种故障的时候点亮发动机故障灯，发动机进入故障模式。

①检测传感器的4根线到ECU之间是否发生了短路、断路现象。

②由于ECU不能检测由于电机本身机械部分所造成的故障，因此需检测步进电机是否有卡滞现象。

③步进电机内部是否短路、断路。

④进气系统内的积炭、污物会影响步进电机的工作性能。拆下步进电机，通电后检查步进电机是否伸缩自如。

电机线圈电阻：58.3～47.7Ω。

工作电压：7.5~12V。

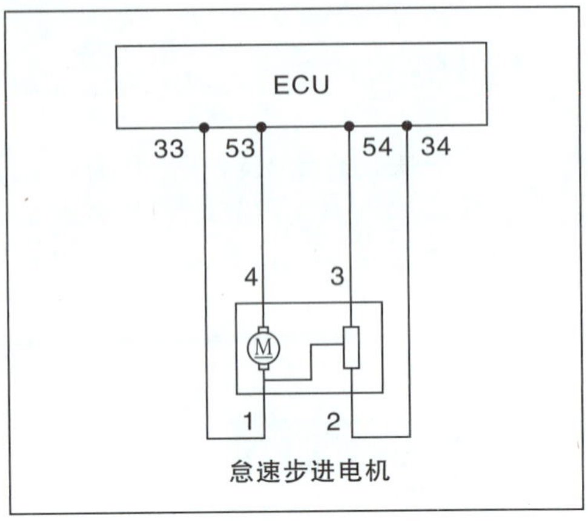

图1-27 怠速步进电机电路

（4）针脚连接

怠速步进电机与ECU的连接电路如图1-27所示。

针脚：

1号——怠速步进电机控制（接ECU 33#）。

2号——怠速步进电机控制（接ECU 34#）。

3号——怠速步进电机控制（接ECU 54#）。

4号——怠速步进电机控制（接ECU 53#）。

10. 点火线圈

（1）功能

点火线圈将初级绕组的低压电转变成次级绕组的高压电，通过火花塞放电产生火花，引燃汽缸内的燃油空气混合气。

（2）组成和原理

MT20U采用分组点火技术，利用电磁线圈互感能产生高能量的原理，控制初级线圈的通电时间断电时刻，利用在线圈次极产生的高压电，击穿火花塞间隙，产生强烈火花，点燃混合气。由于在发动机排气行程的时候空气电离很大，电阻很低，只需要很低的电压就可以击穿火花塞间隙，该系统采用了分组点火技术，不会浪费能量，而且节约了成本。

（3）故障诊断

ECU没有对点火线圈实行故障诊断的功能，因此点火线圈如果出问题的话，是没有故障码的，只有检查点火线圈电阻才能判断点火线圈是否工作正常。温度过高会导致点火线圈电阻增大，会出现发动机工作不稳、自动熄火等故障。但ECU可对点火线圈的控制线进行监测：

控制线对地短路，控制线对电源短路，控制线断路。

当检测到某个点火线圈故障的时候，将关闭对应汽缸的喷油器。

点火线圈温度过高，有可能导致发动机点火系统工作不良。

点火线圈初级电阻：0.55～0.45Ω。

点火线圈次级电阻：5.6～4.8kΩ。

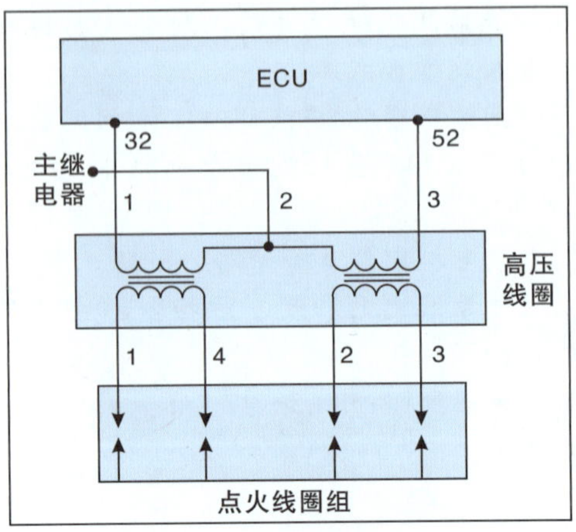

图1-28 点火线圈电路

（4）针脚连接

点火线圈与ECU的连接电路如图1-28所示。

针脚：

1号——线圈初级绕组（接ECU32#）。

2号——线圈供电（接系统主继电器）。

3号——线圈初级绕组（接ECU52#）。

高压侧：

1、2、3、4号针脚分别通过分火线与同名发动机汽缸的火花塞连接。

（5）故障排除

线圈内部短路、断路。
线圈漏电、壳体裂缝。
线圈老化导致点火能量不足。

11. 钢制燃油分配管总成

（1）用途

对从燃油泵供过来的燃油进行存储和分配，为燃油喷射系统提供一个比较稳定的压力环境，使各缸的供油压力和供油量均衡，发动机运转平稳。

（2）组成

燃油分配管总成由燃油分配管、喷油器组成。进出油管与供油管的快速接头一定要保证连接可靠，在维修燃油系统后先在原地试车，保证燃油系统不泄露。

（3）故障诊断

一般情况下供油总管出现故障的概率极小，大部分是由于装配不当导致燃油系统泄露，因此在装配时一定要注意：用过的油封不能再次使用，装配的时候可以适当涂抹一些润滑油。

说明

在维修燃油系统的时候，一定要先泄压，保证燃油管路内没有压力油。将燃油泵插头拔掉，然后着车，直到车辆熄火为止，此时系统内已无压力油。维修过后，首次启动时应该先给系统泵油。

12. 凸轮轴位置传感器

（1）用途

凸轮轴位置传感器（图1-29）为霍尔效应式传感器，它安装于凸轮轴附近，与凸轮轴上的信号轮共同工作，信号轮对应着发动机特定位置，ECM通过该传感器的数字电压信号确定发动机工作的汽缸，并实施一对一控制。

图1-29 凸轮轴位置传感器

（2）性能

工作温度：-40~150℃。
工作电压：4.5~13V。
工作间隙：0.3~2mm。

（3）接线端子

A——信号；B——接地；C——+5V。

13. 曲轴位置传感器

(1) 用途

曲轴位置传感器（图1-30）用于向ECU提供发动机转速、转角、上止点信号，用于发动机点火、喷油、正时系统。

图1-30 曲轴位置传感器

(2) 性能

MT20U电喷系统采用磁感线圈式转速传感器，利用旋转切割磁力线产生交变电流、电压信号，ECU采用该交变信号，经过整形将该信号变为发动机ECU能识别的数字信号，用于发动机的系统控制。飞轮齿圈和信号轮安装在一起，信号轮上采用58X齿的形式，为ECU提供转速、转角、上止点，连续缺口处为一缸上止点。

(3) 故障检测

检查传感器线路是否正常，线路是否有搭铁、短路的地方。

工作温度：-40~150℃。

传感器与齿圈间隙：0.3~1.5mm。

传感器阻值：504~616Ω。

(4) 针脚连接

曲轴位置传感器与ECU的连接电路如图1-31所示。

针脚：

1号——传感器信号线高电平（接ECU 12#）。

2号——传感器信号线低电平（接ECU 28#）。

3号——传感器接地（接ECU 73#）。

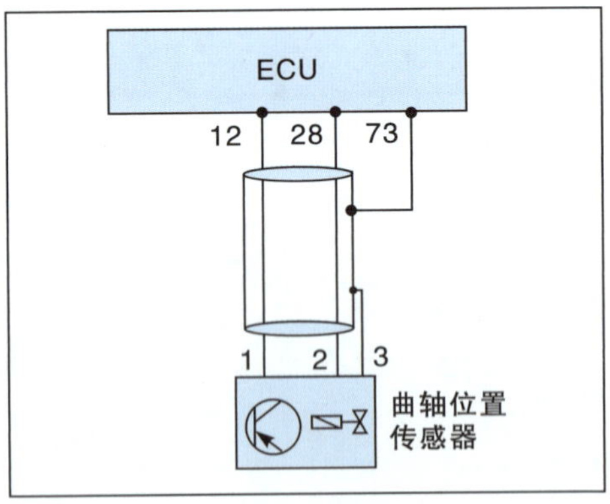

图1-31 曲轴位置传感器电路

14. 碳罐电磁阀

(1) 用途

如图1-32所示，碳罐电磁阀控制从碳罐到进气总管的清洗气流的大小。碳罐的吸附量是有一定限度的，假如不消耗掉吸附在碳罐上的蒸发汽油，汽油挥发到外界，就会对大气造成污染，且增加不安全因素。

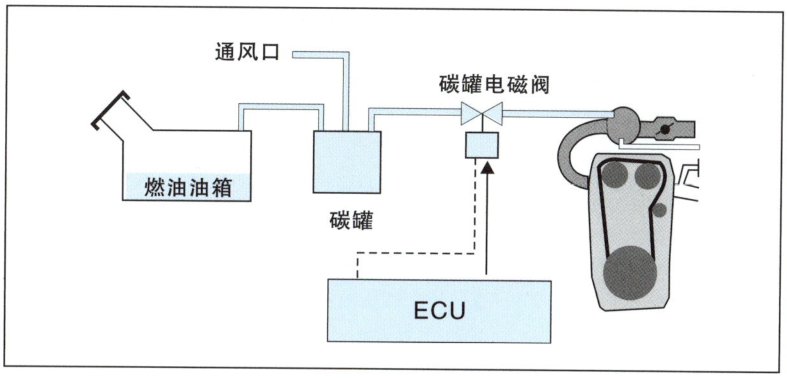

图1-32 碳罐电磁阀

（2）组成和原理

碳罐电磁阀由ECU发出数字化的控制脉冲方波控制电磁阀的开度，根据发动机不同的工况，碳罐电磁阀的开度也不相同，在发动机大负荷、怠速的时候，为了保证发动机的输出功率，碳罐电磁阀并不投入工作。

（3）故障检测

①检查传感器线路是否短路、断路。
②检查线束之间是否有窜线的地方。
③检查传感器线路是否对电源短路。
④检查碳罐电磁阀内部是否有堵塞的现象，是否通气正常。
工作温度：−40~120℃。
线圈阻值：19~22Ω。
工作电压：8~16V。
额定工作电压：+12V。

（4）针脚连接

碳罐电磁阀与ECU的连接电路如图1-33所示。
针脚：
1号——接主继电器电源。
2号——电磁阀线圈控制（接ECU 63#）。

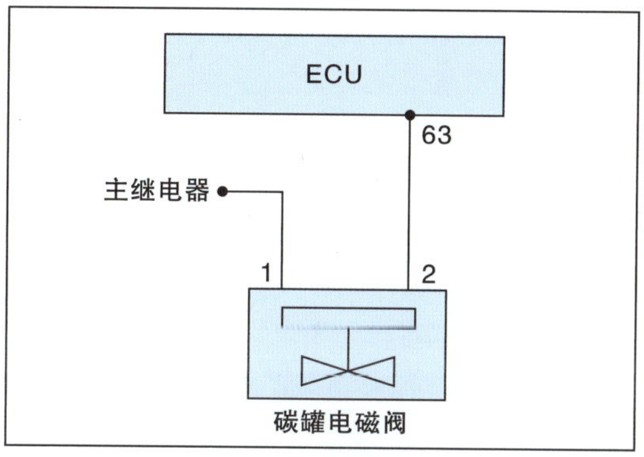

图1-33 碳罐电磁阀

15. 空调控制系统

（1）控制原理

空调开关打开、空调压力正常、蒸发器温度传感器检测出来数据正常，空调请求信号就通过这些开关传送给了ECU，ECU检测到此信号后就控制空调继电器吸合，同时给步进电机提升转速的信号，并开启电子风扇、空调系统投入工作。

（2）空调切断条件

①节气门位置传感器故障。
②车速传感器故障。
③发动机大负荷时。
④蒸发器温度传感器故障。
⑤蒸发器温度小于1.5℃。
⑥发动机转速超速。
⑦冷却液温度高于108℃。
⑧急加速。

（3）故障排除

①检查空调系统线路。
②检查空调蒸发器温度传感器是否损坏。
③检查线束内部是否窜线。

（4）针脚连接

空调控制系统与ECU的连接电路如图1-34所示。

针脚：
1号——空调请求信号（接ECU 39#）。
2号——空调继电器控制（接ECU 46#）。

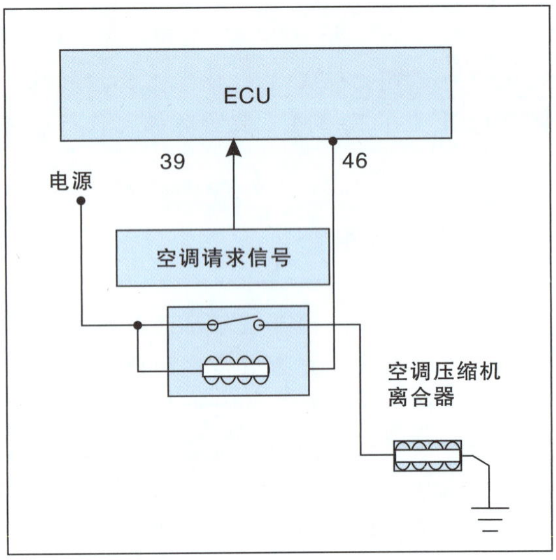

图1-34　空调控制电路

16. 风扇控制（FAN）

（1）功能

MT20U系统控制风扇高低速，控制系统根据水温、空调等信号来控制风扇高速、低速运转，当条件合适时控制风扇系统延时。

控制模式如下：
①一挡98℃开启，94℃停止。
②二挡105℃开启，101℃停止。
③关机后水温超过101℃，风扇继续工作1分钟。
④关机后水温超过94℃，风扇继续工作0.5分钟。
⑤关机后水温低于85℃，风扇停止工作。

（2）故障检测

在ECU侧按图1-35所示针脚检查线路是否存在短路、断路的现象。

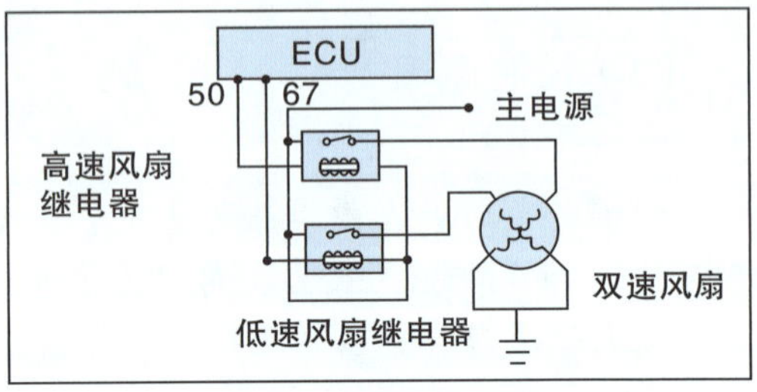

图1-35　风扇控制电路

（3）风扇控制电路图

高低速针脚与实际相同，但是实际电路和电路图有差异。

三、发动机电控系统的自诊断功能

1. 故障信息记录

发动机电子控制单元不断地监测着传感器、执行器、相关的电路、故障指示灯和蓄电池电压等，甚至于电子控制单元本身，并对传感器输出信号、执行器驱动信号和内部信号（如氧闭环控制、爆震控制、怠速转速控制和蓄电池电压控制等）进行度检测。一旦发现某个环节出现故障，或者某个信号值不可信，电子控制单元立即在RAM的故障存储器中设置故障信息记录。故障信息记录以故障码的形式储存，并按故障出现的先后顺序显示。

电喷系统的故障诊断原理如图1-36所示。

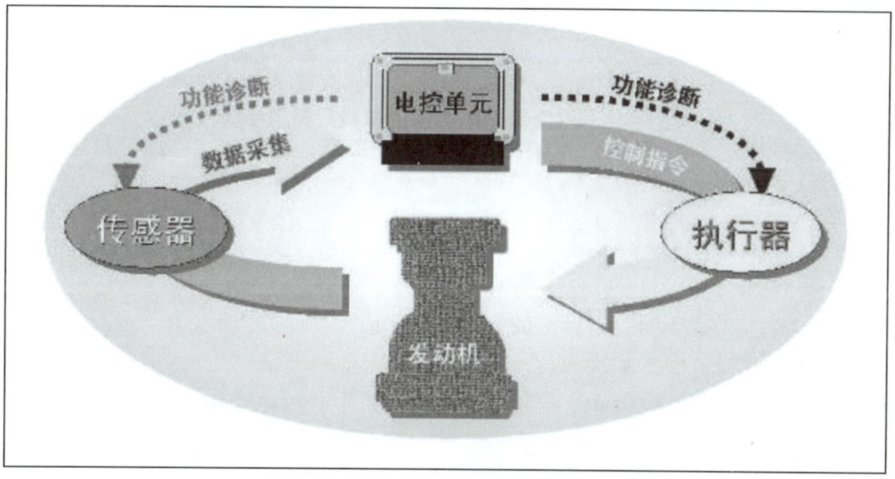

图1-36　电喷系统的故障诊断原理

故障按其出现的频度可分成“稳态故障”和“偶发故障”（例如由于短暂的线束断路或者接插件接触不良造成）。

2. 故障检修步骤

车载诊断系统（简称OBD系统），是指集成在发动机控制系统中，能够监测影响废气排放的故障零部件以及发动机主要功能状态的诊断系统。它具有识别、存储并且通过自诊断故障指示灯（MIL）显示故障信息的功能。

在维修带有OBD系统的车辆时，维修人员可以通过诊断仪迅速而准确地定位发生故障的部件，大大提高维修的效率和质量。

对于具有OBD功能的车辆，故障的检修一般遵循以下步骤

在维修燃油系统的时候，一定要先泄压，保证燃油管路内没有压力油。将燃油泵插头拔掉，然后着车，直到车辆熄火为止，此时系统内已无压力油。维修过后，首次启动时应该先给系统泵油。（图1-37）

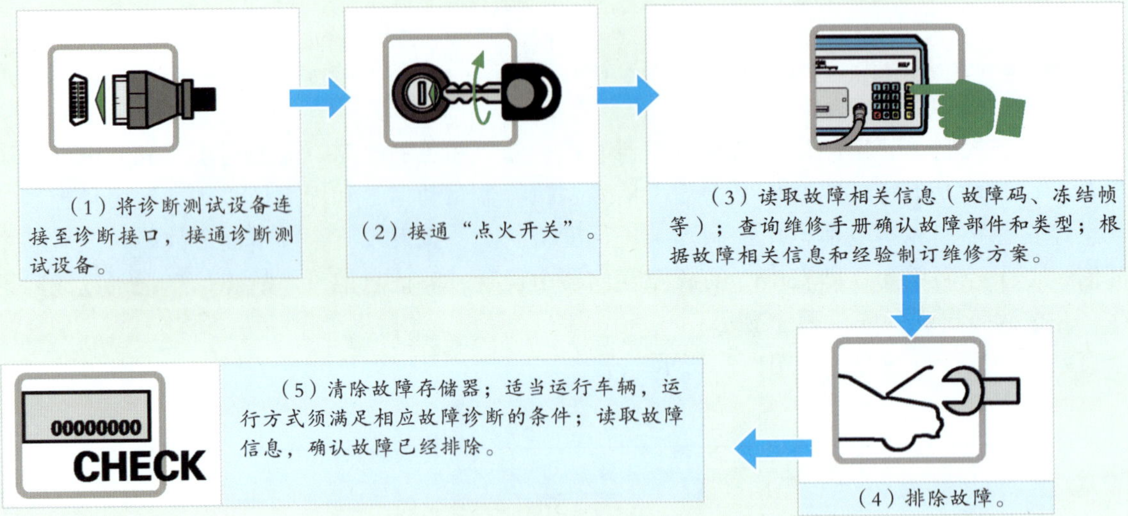

图1-37　检修带OBD功能的车辆故障的步骤

3. 诊断仪连接

发动机电控系统采用“K”线通讯协议，并采用ISO 9141~2标准诊断接头，如图1-38所示。这个标准诊断接头是固定地连接在发动机线束上的。用于发动机管理系统EMS的是标准诊断接头上的4、7和16号针脚。标准诊断接头的4号针脚连接车上的地线；7号针脚连接ECU的15号针脚，即发动机数据“K”线；16号针脚连接蓄电池正极。

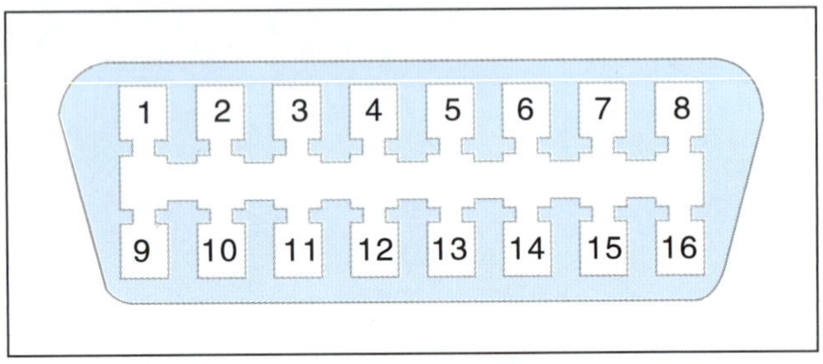

图1-38　ISO 9141~2标准诊断接头

ECU通过“K”线可与外接诊断仪进行通信，并可进行如下操作

（1）发动机参数显示

①转速、冷却液温度、节气门开度、点火提前角、喷油脉宽、进气压力、进气温度、车速、系统电压、喷油修正、碳罐冲洗率、怠速空气控制、氧传感器波形。

②目标转速、发动机相对负荷、环境温度、点火闭合时间、蒸发器温度、进气流量、油耗量。

③节气门位置传感器信号电压、冷却液温度传感器信号电压、进气温度传感器信号电压、进气压力传感器信号电压。

（2）电喷系统状态显示

防盗系统状态、安全状态、编程状态、冷却系统状态、稳定工况状态、动态工况状态、排放控制状态、氧传感器状态、怠速状态、故障指示灯状态、紧急工况状态、空调系统状态、自动变速器/扭矩请求状态。

（3）执行器试验功能

故障灯、燃油泵、空调继电器、风扇、点火、喷油（单缸断油）。

（4）里程计显示

运行里程、运行时间。

（5）版本信息显示

车架号码（VIN）、ECU硬件号码、ECU软件号码。

（6）故障显示

进气压力传感器、进气温度传感器、发动机冷却液温度传感器、节气门位置传感器、氧传感器、氧传感器加热线路、空燃比修正、各缸喷油器、燃油泵、转速传感器、相位传感器、碳罐控制阀、冷却风扇继电器、车速信号、怠速转速、怠速调节器、系统电压、ECU、空调压缩机继电器、蒸发器温度传感器、故障灯。

4. 故障状态

如果一个被识别到的故障出现的持续时间第一次超过设定的稳定化时间，ECU就认定它是一个稳定的故障，并将它储存为“稳态故障”。如果这个故障消失，就将它储存为“偶发故障”和“不存在的”。如果这个故障重又被识别到，则它仍是“偶发故障”，但是“存在的”历史故障并不影响发动机的正常使用。

5. 故障类型

基本上所有的电喷车辆的故障都是这样介定故障类型的：

（1）最大故障，信号超过正常范围的上限。

（2）最小故障，信号超过正常范围的下限。

（3）信号故障，无信号。

（4）不合理故障，有信号，但信号不合理。

6. 故障读出

发动机运转时，当系统或零部件出现故障时，发动机故障指示灯会自动点亮，以提醒车辆驾驶人员及时检查和维修。

在应急故障处理时，也可通过特殊的操作，使发动机故障指示灯频闪以读取发动机故障代码，这是获取故障代码最经济的手段。操作方法如下：

（1）电平电压应能确保发动机的启动转速。

（2）发动机及整车附件处于关闭的状况。

（3）节气门完全关闭。

（4）变速箱置于空挡。

（5）关闭点火开关。

（6）将故障诊断插头中诊断请求端子1用导线对地线端子4或5短接。

（7）将点火开关转至“ON”，但不得启动发动机。

此时，若系统当前存在故障或故障排除后未被清除的历史故障码，发动机故障指示灯将以一定的规律闪烁，输出系统所检测出故障的代码（读取故障码的同时，怠速控制阀将进行复位动作）。

故障码读取完毕后，打开点火开关，拔除诊断请求短接导线，指示灯闪烁报告故障的规律是：故障代码之间停顿3.2秒，数字以亮0.4秒灭0.4秒频率闪烁，数位之间停顿1.2秒；数字0闪烁10次，其他数字与闪烁次数对应。

以故障码0110和0443为例（图1-39）：

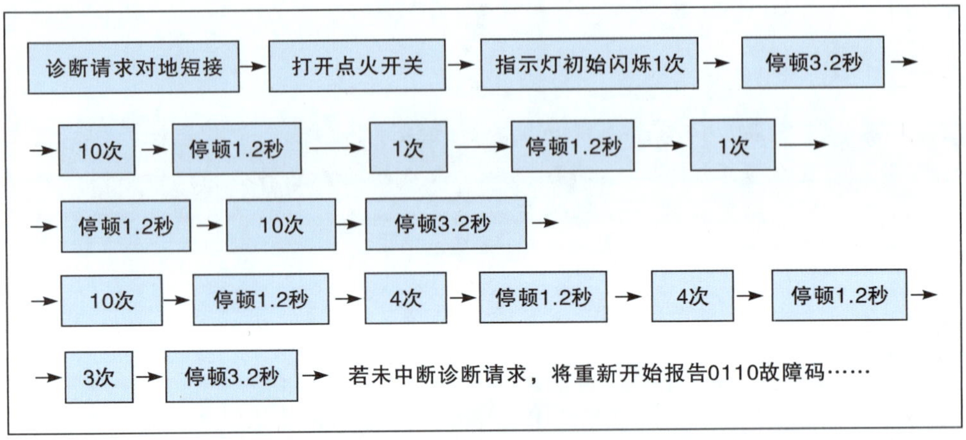

图1-39　故障码闪烁举例

7. 故障信息记录的清除

当故障被排除后，存储器中的故障信息记录应予清除。

点火接通时虽然已经出现，但是未能保持到稳定化时间结束的故障信息不作记录。

当发动机成功地启动过一定的次数后，故障码即会被自动清除。

利用故障诊断仪，通过“故障存储器清零”指令将故障信息记录清除。

拔下ECU的接头或拆下蓄电池电线将外部RAM中的故障信息记录清除。

8. 故障查找

通过上述手段获得了故障信息记录以后，只是知道了故障发生的大致部位，但是并不等于故障已经查到。因为，引发一条故障信息的原因可能是电气元件（如传感器或执行器或ECU等）损坏，可能是导线断路，可能是导线对地或对蓄电池正极短路，甚至可能是机械故障。

故障是内在的，其外在的表现结果是各种症状。发现症状之后，首先要用故障诊断仪或者根据闪烁码检查是否有故障信息记录，并且根据故障信息排除相关的故障，然后根据发动机症状查找故障。

情境三：发动机电控系统常见故障的诊断

一、启动时发动机不转或转动缓慢

1. 一般故障部位：①蓄电池；②启动电机；③线束或点火开关；④发动机机械部分。
2. 诊断流程如表1-3所示：

表1-3 启动时发动机不转动或转动缓慢诊断流程

序号	操作步骤	检测结果	后续步骤
1	用万用表检查蓄电池两个接线柱之间电压，在发动机启动的时候是否有8~12V	是	下一步
		否	更换蓄电池
2	点火开关保持在启动位置，用万用表检查启动电机正极的接线柱是否有8V以上的电压	是	下一步
		否	修理或更换线束
3	拆卸启动电机，检查启动电机的工作状况。重点检查其是否存在断路或因润滑不良而卡死	是	修理或更换启动电机
		否	下一步
4	如果故障仅在冬季发生，则检查是否因发动机润滑油及齿轮箱油选用不当而导致启动电机的阻力过大	是	换合适标号的润滑油
		否	下一步
5	检查发动机内部机械阻力是否过大，导致启动电机不转或转动缓慢	是	检修发动机内部阻力
		否	重复上述步骤

二、启动时发动机可以拖转但不能成功启动

1. 一般故障部位：①油箱无油；②燃油泵；③转速传感器；④点火线圈；⑤发动机机械部分。
2. 诊断流程如表1-4所示：

表1-4 启动时发动机可以拖转但不能启动诊断流程

序号	操作步骤	检测结果	后续步骤
1	接上燃油压力表（接入点为燃油分配管总成进油管前端），启动发动机，检查燃油压力在怠速工况下是否在260kPa左右；拔掉燃油压力调节器上的真空管，其燃油压力是否在300kPa左右	是	下一步
		否	检修供油系统
2	接上电喷系统诊断仪，观察“发动机转速”数据项，启动发动机，观察是否有转速信号输出	是	下一步
		否	检修转速传感器线路

续表

序号	操作步骤	检测结果	后续步骤
3	拔出其中一缸的分缸线，接上火花塞，令火花塞电极距发动机机体5mm左右，启动发动机，检查是否有蓝白高压火	是	下一步
		否	检修点火系统
4	检查发动机各个汽缸的压力情况，观察发动机汽缸是否存在压力不足的情况	是	下一步
		否	排除发动机机械故障
5	接上电喷系统转接器，打开点火开关，检查发动机ECU针脚电源供给是否正常；检查发动机ECU针脚搭铁是否正常	是	诊断帮助
		否	检修相应的线路

三、热车启动困难

1．一般故障部位：①燃油含水；②燃油泵；③冷却液温度传感器；④燃油压力调节器真空管；⑤点火线圈。

2．诊断流程如表1-5所示：

表1-5 热车启动困难诊断流程

序号	操作步骤	检测结果	后续步骤
1	接上燃油压力表（接入点为燃油分配管总成进油管前端），启动发动机，检查燃油压力在怠速工况下是否在260kPa左右；拔掉燃油压力调节器上的真空管，其燃油压力是否在300kPa左右	是	下一步
		否	检修供油系统
2	拔出其中一缸的分缸线，接上火花塞，令火花塞电极距发动机机体5mm左右，启动发动机，检查是否有蓝白高压火	是	下一步
		否	检修点火系统
3	拔下冷却液温度传感器接头，启动发动机，观察此时发动机是否成功启动。（或在冷却液温度传感器接头处串联一个300Ω的电阻代替冷却液温度传感器，观察此时发动机是否成功启动）	是	检修线路或更换传感器
		否	下一步
4	检查燃油压力调节器真空管是否存在松脱或漏气现象	是	检修或更换
		否	下一步
5	检查燃油情况，观察故障现象是否由于刚好加油后引起的	是	更换燃油
		否	下一步
6	接上电喷系统转接器，打开点火开关，检查发动机ECU针脚电源供给是否正常，检查发动机ECU针脚搭铁是否正常	是	诊断帮助
		否	检修相应的线路

四、冷车启动困难

1．一般故障部位：①燃油含水；②燃油泵；③冷却液温度传感器；④喷油器；⑤点火线圈；⑥节气门体及怠速旁通气道；⑦发动机机械部分。

2．诊断流程如表1-6所示：

表1-6 冷车启动困难诊断流程

序号	操作步骤	检测结果	后续步骤
1	接上燃油压力表（接入点为燃油分配管总成进油管前端），启动发动机，检查燃油压力在怠速工况下是否在260kPa左右；拔掉燃油压力调节器上的真空管，其燃油压力是否在300kPa左右	是	下一步
		否	检修供油系统
2	拔出其中一缸的分缸线，接上火花塞，令火花塞电极距发动机机体5mm左右，启动发动机，检查是否有蓝白高压火	是	下一步
		否	检修点火系统
3	拔下冷却液温度传感器接头，启动发动机，观察此时发动机是否成功启动。（或在冷却液温度传感器接头处串联一个2500Ω的电阻代替冷却液温度传感器，观察此时发动机是否成功启动）	是	检修线路或更换传感器
		否	下一步
4	轻轻踩下油门，观察是否容易启动	是	清洗节气门及怠速气道
		否	下一步
5	拆卸喷油器，用喷油器专用清洗分析仪检查喷油器是否存在泄露或堵塞现象	是	喷油器的更换
		否	下一步
6	检查燃油情况，观察故障现象是否由于刚好加油后引起的	是	更换燃油
		否	下一步
7	检查发动机各个汽缸的压力情况，观察发动机汽缸是否存在压力不足的情况	是	排除发动机机械故障
		否	下一步
8	接上电喷系统转接器，打开点火开关，检查发动机ECU针脚电源供给是否正常；检查发动机ECU针脚搭铁是否正常	是	诊断帮助
		否	检修相应的线路

五、转速正常，任何时候均启动困难

1．一般故障部位：①燃油含水；②燃油泵；③冷却液温度传感器；④喷油器；⑤点火线圈；⑥节气门体及怠速旁通气道；⑦进气道；⑧点火正时；⑨火花塞；⑩发动机机械部分。

2．诊断流程如表1-7所示：

表1-7 转速正常，任何时候均启动困难诊断流程

序号	操作步骤	检测结果	后续步骤
1	检查空气滤清器是否堵塞，进气道是否存漏气	是	检修进气系统
		否	下一步
2	接上燃油压力表（接入点为燃油分配管总成进油管前端），启动发动机，检查燃油压力在怠速工况下是否在260kPa左右；拔掉燃油压力调节器上的真空管，其燃油压力是否在300kPa左右	是	下 ·步
		否	检修供油系统
3	拔出其中一缸的分缸线，接上火花塞，令火花塞电极距发动机机体5mm左右，启动发动机，检查是否有蓝白高压火	是	下一步
		否	检修点火系统
4	检查各个汽缸的火花塞，观察其型号及间隙是否符合规范	是	下一步
		否	调整或更换
5	拔下冷却液温度传感器接头，启动发动机，观察此时发动机是否成功启动	是	检修线路或更换传感器
		否	下一步

续表

序号	操作步骤	检测结果	后续步骤
6	轻轻踩下油门，观察是否容易启动	是	清洗节气门及怠速旁通气道
		否	下一步
7	拆卸喷油器，用喷油器专用清洗分析仪检查喷油器是否存在泄露或堵塞现象	是	喷油器的更换
		否	下一步
8	检查燃油情况，观察故障现象是否由于刚好加油后引起的	是	更换燃油
		否	下一步
9	检查发动机各个汽缸的压力情况，观察发动机汽缸是否存在压力不足的情况	是	排除发动机机械故障
		否	下一步
10	检查发动机的点火顺序及点火正时是否符合规范	是	下一步
		否	检修点火正时
11	接上电喷系统转接器，打开点火开关，检查发动机ECU针脚电源供给是否正常；检查发动机ECU针脚搭铁是否正常	是	诊断帮助
		否	检修相应的线路

六、启动正常，但任何时候都怠速不稳

1. 一般故障部位：①燃油含水；②喷油器；③火花塞；④节气门体及怠速旁通气道；⑤进气道；⑥怠速调节器；⑦点火正时；⑧火花塞；⑨发动机机械部分。

2. 诊断流程如表1-8所示：

表1-8 启动正常，但任何时候都怠速不稳诊断流程

序号	操作步骤	检测结果	后续步骤
1	检查空气滤清器是否堵塞，进气道是否存在漏气	是	检修进气系统
		否	下一步
2	检查怠速调节器是否发卡	是	下一步
		否	清洗或更换
3	检查各个汽缸的火花塞，观察其型号及间隙是否符合规范	是	下一步
		否	调整或更换
4	检查节气门体及怠速旁通气道是否存在积碳现象	是	清洗
		否	下一步
5	拆卸喷油器，用喷油器专用清洗分析仪检查喷油器是否存在泄露、堵塞或流量超差现象	是	喷油器的更换
		否	下一步
6	检查燃油情况，观察故障现象是否由于刚好加油后引起的	是	更换燃油
		否	下一步
7	检查发动机各个汽缸的压力情况，观察发动机汽缸压力是否存在差异较大的情况	是	排除发动机机械故障
		否	下一步
8	检查发动机的点火顺序及点火正时是否符合规范	是	更换燃油
		否	检修点火正时
9	接上电喷系统转接器，打开点火开关，检查发动机ECU针脚电源供给是否正常；检查发动机ECU针脚搭铁是否正常	是	诊断帮助
		否	检修相应的线路

续表

序号	操作步骤	检测结果	后续步骤
9	接上电喷系统转接器，打开点火开关，检查发动机ECU针脚电源供给是否正常；检查发动机ECU针脚搭铁是否正常	是	诊断帮助
		否	检修相应的线路

七、启动正常，暖机过程中怠速不稳

1. 一般故障部位：①燃油含水；②冷却液温度传感器；③火花塞；④节气门体及怠速旁通气道；⑤进气道；⑥怠速调节器；⑦发动机机械部分。

2. 诊断流程如表1-9所示：

表1-9 启动正常，暖机过程中怠速不稳诊断流程

序号	操作步骤	检测结果	后续步骤
1	检查空气滤清器是否堵塞，进气道是否存在漏气	是	检修进气系统
		否	下一步
2	检查各个汽缸的火花塞，观察其型号及间隙是否符合规范	是	下一步
		否	调整或更换
3	卸下怠速调节器，检查节气门体、怠速调节器及怠速旁通气道是否存在积碳现象	是	清洗相关零部件
		否	下一步
4	拔下冷却液温度传感器接头，启动发动机，观察此时发动机是否在暖机过程怠速不稳	是	检修线路或更换传感器
		否	下一步
5	拆卸喷油器，用喷油器专用清洗分析仪检查喷油器是否存在泄露、堵塞或流量超差现象	是	喷油器的更换
		否	下一步
6	检查燃油情况，观察故障现象是否由于刚好加油后引起的	是	更换燃油
		否	下一步
7	检查发动机各个汽缸的压力情况，观察发动机汽缸压力是否存在差异较大的情况	是	排除发动机机械故障
		否	下一步
8	接上电喷系统转接器，打开点火开关，检查发动机ECU针脚电源供给是否正常；检查发动机ECU针脚搭铁是否正常	是	诊断帮助
		否	检修相应的线路

八、启动正常，暖机结束后怠速不稳

1. 一般故障部位：①燃油含水；②冷却液温度传感器；③火花塞；④节气门体及怠速旁通气道；⑤进气道；⑥怠速调节器；⑦发动机机械部分。

2. 诊断流程如表1-10所示：

表1-10 启动正常，暖机结束后怠速不稳诊断流程

序号	操作步骤	检测结果	后续步骤
1	检查空气滤清器是否堵塞，进气道是否存在漏气	是	检修进气系统
		否	下一步
2	检查各个汽缸的火花塞，观察其型号及间隙是否符合规范	是	下一步
		否	调整或更换

续表

序号	操作步骤	检测结果	后续步骤
3	卸下怠速调节器，检查节气门体、怠速调节器及怠速旁通气道是否存在积碳现象	是	清洗相关零部件
		否	下一步
4	拔下冷却液温度传感器接头，启动发动机，观察此时发动机是否在暖机过程怠速不稳	是	检修线路或更换传感器
		否	下一步
5	拆卸喷油器，用喷油器专用清洗分析仪检查喷油器是否存在泄露、堵塞或流量超差现象	是	喷油器的更换
		否	下一步
6	检查燃油情况，观察故障现象是否由于刚好加油后引起的	是	更换燃油
		否	下一步
7	检查发动机各个汽缸的压力情况，观察发动机汽缸压力是否存在差异较大的情况	是	排除发动机机械故障
		否	下一步
8	接上电喷系统转接器，打开点火开关，检查发动机ECU针脚电源供给是否正常；检查发动机ECU针脚搭铁是否正常	是	诊断帮助
		否	检修相应的线路

九、启动正常，部分负荷（如开空调）时怠速不稳或熄火

1. 一般故障部位：①空调系统；②怠速调节器；③喷油器。

2. 诊断流程如表1–11所示：

表1–11 启动正常，部分负荷时怠速不稳或熄火诊断流程

序号	操作步骤	检测结果	后续步骤
1	卸下怠速调节器，检查节气门体、怠速调节器及怠速旁通气道是否存在积碳现象	是	清洗相关零部件
		否	下一步
2	观察开启空调时发动机输出功率是否增大，即利用电喷系统诊断仪观察点火提前角、喷油脉宽及进气量的变化情况	是	到步骤4
		否	下一步
3	接上电喷系统转接器，断开电子控制单元75#针脚连接线，检查开空调时线束端是否为高电平信号	是	下一步
		否	检修空调系统
4	检查空调系统压力、压缩机的电磁离合器和空调压缩泵是否正常	是	下一步
		否	检修空调系统
5	拆卸喷油器，用喷油器专用清洗分析仪检查喷油器是否存在泄露、堵塞或流量超差现象	是	喷油器的更换
		否	下一步
6	接上电喷系统转接器，打开点火开关，检查发动机ECU针脚电源供给是否正常；检查发动机ECU针脚搭铁是否正常	是	诊断帮助
		否	检修相应的线路

十、启动正常，部分负荷时怠速不稳

1. 一般故障部位：①节气门体及怠速旁通气道；②真空管；③怠速调节器；④冷却液温度传感器；⑤点火正时。

2. 诊断流程如表1–12所示：

表1-12 启动正常，部分负荷时怠速不稳

序号	操作步骤	检测结果	后续步骤
1	检查油门拉索是否卡死或过紧	是	调整
		否	下一步
2	检查进气系统及连接的真空管道是否存在漏气	是	检修进气系统
		否	下一步
3	卸下怠速调节器，检查节气门体、怠速调节器及怠速旁通气道是否存在积碳现象	是	清洗相关零部件
		否	下一步
4	拔下冷却液温度传感器接头，启动发动机，观察此时发动机是否怠速过高	是	检修线路或更换传感器
		否	下一步
5	检查发动机的点火正时是否符合规范	是	下一步
		否	检修点火正时
6	接上电喷系统转接器，打开点火开关，检查发动机ECU针脚电源供给是否正常；检查发动机ECU针脚搭铁是否正常	是	诊断帮助
		否	检修相应的线路

十一、加速时转速上不去或熄火

1. 一般故障部位：①燃油含水；②进气压力传感器及节气门位置传感器；③火花塞；④节气门体及怠速旁通气道；⑤进气道；⑥怠速调节器；⑦喷油器；⑧点火正时；⑨排气管。

2. 诊断流程如表1-13所示：

表1-13 加速时转速上不去或熄火诊断流程

序号	操作步骤	检测结果	后续步骤
1	检查空气滤清器是否堵塞	是	检修进气系统
		否	下一步
2	接上燃油压力表（接入点为燃油分配管总成进油管前端），启动发动机，检查燃油压力在怠速工况下是否在260kPa左右；拔掉燃油压力调节器上的真空管，其燃油压力是否在300kPa左右	是	下一步
		否	检修供油系统
3	检查各个汽缸的火花塞，观察其型号及间隙是否符合规范	是	下一步
		否	调整或更换
4	卸下怠速调节器，检查节气门体、怠速调节器及怠速旁通气道是否存在积碳现象	是	清洗相关零部件
		否	下一步
5	检查进气压力传感器、节气门位置传感器及其线路是否正常	是	下一步
		否	检修线路或更换传感器
6	拆卸喷油器，用喷油器专用清洗分析仪检查喷油器是否存在泄露或堵塞现象	是	喷油器的更换
		否	下一步
7	检查燃油情况，观察故障现象是否由于刚好加油后引起的	是	更换燃油
		否	下一步
8	检查发动机的点火顺序及点火正时是否符合规范	是	下一步
		否	检修点火正时

续表

序号	操作步骤	检测结果	后续步骤
9	检查排气管是否排气顺畅	是	下一步
		否	修复或更换排气管
10	接上电喷系统转接器，打开点火开关，检查发动机ECU针脚电源供给是否正常；检查发动机ECU针脚搭铁是否正常	是	诊断帮助
		否	检修相应的线路

十二、加速时反应慢

1．一般故障部位：①燃油含水；②进气压力传感器及节气门位置传感器；③火花塞；④节气门体及怠速旁通气道；⑤进气道；⑥怠速调节器；⑦喷油器；⑧点火正时；⑨排气管。

2．诊断流程如表1-14所示：

表1-14 加速时反应慢诊断流程

序号	操作步骤	检测结果	后续步骤
1	检查空气滤清器是否堵塞	是	检修进气系统
		否	下一步
2	接上燃油压力表（接入点为燃油分配管总成进油管前端），启动发动机，检查燃油压力在怠速工况下是否在260kPa左右；拔掉燃油压力调节器上的真空管，其燃油压力是否在300kPa左右	是	下一步
		否	检修供油系统
3	检查各个汽缸的火花塞，观察其型号及间隙是否符合规范。	是	下一步
		否	调整或更换
4	卸下怠速调节器，检查节气门体、怠速调节器及怠速旁通气道是否存在积碳现象	是	清洗相关零部件
		否	下一步
5	检查进气压力传感器、节气门位置传感器及其线路是否正常	是	下一步
		否	检修线路或更换传感器
6	拆卸喷油器，用喷油器专用清洗分析仪检查喷油器是否存在泄露或堵塞现象	是	喷油器的更换
		否	下一步
7	检查燃油情况，观察故障现象是否由于刚好加油后引起的	是	更换燃油
		否	下一步
8	检查发动机的点火顺序及点火正时是否符合规范	是	下一步
		否	检修点火正时
9	检查排气管是否排气顺畅	是	下一步
		否	修复或更换排气管
10	接上电喷系统转接器，打开点火开关，检查发动机ECU针脚电源供给是否正常；检查发动机ECU针脚搭铁是否正常	是	诊断帮助
		否	检修相应的线路

十三、加速时无力，性能差

1. 一般故障部位：①燃油含水；②进气压力传感器及节气门位置传感器；③火花塞；④点火线圈；⑤节气门体及怠速旁通气道；⑥进气道；⑦怠速调节器；⑧喷油器；⑨点火正时；⑩排气管。

2. 诊断流程如表1-15所示：

表1-15 加速时无力，性能差诊断流程

序号	操作步骤	检测结果	后续步骤
1	检查是否存在离合器打滑、轮胎气压低、制动拖滞、轮胎尺寸不对、四轮定位不正确等故障	是	修理
		否	下一步
2	检查空气滤清器是否堵塞	是	检修进气系统
		否	下一步
3	接上燃油压力表（接入点为燃油分配管总成进油管前端），启动发动机，检查燃油压力在怠速工况下是否在260kPa左右；拔掉燃油压力调节器上的真空管，其燃油压力是否在300kPa左右	是	下一步
		否	检修供油系统
4	拔出其中一缸的分缸线，接上火花塞，令火花塞电极距发动机机体5mm左右，启动发动机，检查高压火强度是否正常	是	下一步
		否	检修点火系统
5	检查各个汽缸的火花塞，观察其型号及间隙是否符合规范	是	下一步
		否	调整或更换
6	卸下怠速调节器，检查节气门体、怠速调节器及怠速旁通气道是否存在积碳现象	是	清洗相关零部件
		否	下一步
7	检查进气压力传感器、节气门位置传感器及其线路是否正常	是	下一步
		否	检修线路或更换传感器
8	拆卸喷油器，用喷油器专用清洗分析仪检查喷油器是否存在泄露或堵塞现象	是	喷油器的更换
		否	下一步
9	检查燃油情况，观察故障现象是否由于刚好加油后引起的	是	更换燃油
		否	下一步
10	检查发动机的点火顺序及点火正时是否符合规范	是	下一步
		否	检修点火正时
11	检查排气管是否排气顺畅	是	下一步
		否	修复或更换排气管
12	接上电喷系统转接器，打开点火开关，检查发动机ECU针脚电源供给是否正常；检查发动机ECU针脚搭铁是否正常	是	诊断帮助
		否	检修相应的线路

课题小结

1. 汽车万用表在发动机电控系统的自诊断和零件检测中具有重要的作用。

2. 发动机电子控制单元不断地监测着传感器、执行器、相关的电路、故障指示灯乃至电子控制单元本身，一旦发现某个环节出现故障，或者某个信号值不可信，电子控制单元立即设置故障信息记录。故障信息记录以故障码的形式储存，并按故障出现的先后顺序显示。

3. 发动机电控系统的故障码可以通过人工方法读出，也可使用诊断仪读取。

4. 发动机的常见故障有无法启动、启动困难、怠速不稳等。

思考与练习

1. 汽车万用表在发动机故障检测与诊断中有何作用?

2. 使用歧管压力表进行故障诊断时空调的运行条件是怎样的?

3. 怎样使用人工方法读取发动机电控系统故障代码?

4. 发动机电控系统的常见故障有哪些?

第二部分

自动变速器电控系统的检测与故障诊断

情境一：自动变速器的故障诊断原则与程序

电控自动变速器的结构比较复杂，如图2–1所示，它包括机械系统、液压控制系统和电控系统三部分。它一旦出现故障，检修的难度较大。因此首先必须要确定故障部位，而确定故障部位的关键是故障诊断。

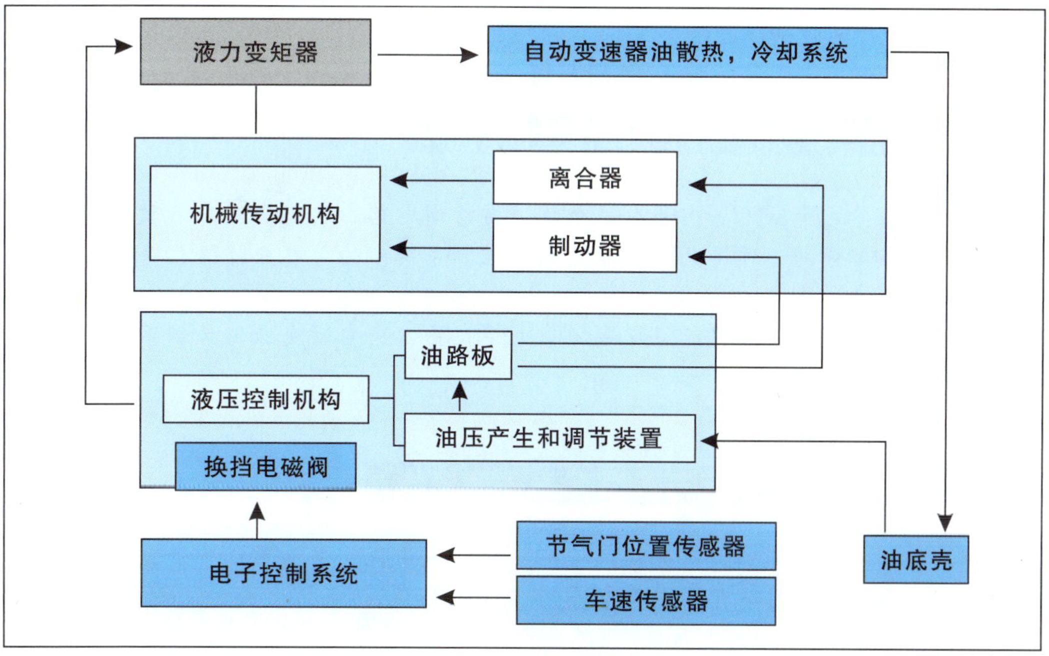

图2–1 电控自动变速器的结构

一、自动变速器的故障诊断原则

1.分清故障部位和性质

分清故障是由发动机电控系统还是由自动变速器液压控制系统、电控系统引起的，或是由机械系统（液力变矩器或行星齿轮机构）引起的。只有分清了故障部位和性质，才能有针对性地去查找故障根源，少走弯路。

2.坚持先简后难、逐步深入的原则

按故障的难易程度，先从最简单、最容易检查的部位入手，如开关、拉杆、自动变速器状况等，从那些最易于接近、易被忽视的部位和影响较大的因素开始，最后再深入到实质性的故障。

3.充分利用自动变速器各检验项目为查找故障提供思路和线索

充分利用自动变速器各检验项目（基本检查、失速试验、油压试验、换挡延迟试验、道路试验和手动换挡试验等）为查找故障提供思路和线索。通过这些检验项目的检测，一般可以发现自动变速器的故障所在。

4.必须在拆检之后才能确诊的故障应是故障诊断的最后程序

不要轻易分解液力自动变速器，因为在原因不明的情况下盲目解体，不但不能确诊故障原因和部位，还可能在分解过程中出现新的故障。

5.充分利用电控自动变速器的故障自诊断功能

自动变速器的电控单元（ECU）内部有一个故障自诊断电路，它能在汽车行驶过程中不断地监测自动变速器控制系统各部分的工作情况，并能检测出控制系统中的大部分故障，将故障以代码的形式记录在ECU中。

维修人员可以按照特定的方法将故障代码从ECU中读出，为自动变速器控制系统的检修和故障诊断提供依据。

6.在进行检测与诊断前，应先阅读有关技术资料

在进行检测与诊断前，应先阅读有关故障检测指南、使用说明书和维修手册，掌握必要的结构原理图、油路图、电控系统电路图等有关技术资料。

二、自动变速器的故障诊断程序

虽然各自动变速器制造厂商所生产的自动变速器千差万别，但是它们的基本原理是一致的，所以诊断时也有一定的规律可循。在一般情况下，自动变速器的诊断过程按照由简单到复杂的程序一步一步地进行。

1.向用户询问

向用户询问的内容包括故障产生的时间、症状、情况、条件，如何发生，是否已检修过以及动过什么部位等。有时用户不一定都能说清楚，可邀请他们一起在适当的路段上进行实际的行车观察（注意，行车观察前先检查车况和变速器油液），在行车观察中再次提出询问，作为验证和补充用户的叙述。若车况或路况不允许进行行车观察，只好做一些初步的外观检查，同时提出有关的查询问题。应当注意到有些用户限于技术水平或叙述能力，所回答的内容只能作为诊断故障的参考。

2.初步检查

初步检查的目的是确定自动变速器是否能在正常前提条件下进行工作。

通过初步检查往往能很快就找出故障的部位和原因。

初步检查的内容主要包括自动变速器油的检查和更换、节气门拉索的检查与调整、制动器间隙的调整，发动机怠速检查与调整，节气门全开检查和变速器漏油检查等。上述检查项目大部分与常规检查与维护项目一致。

3.故障自诊断测试

如果电控自动变速器在初步检修后仍存在故障，可通过电子控制单元自诊断系统进行故障自诊断测试，调出故障码，帮助寻找故障发生部位。排除故障以后要记住清除故障代码。不同公司生产的不同车型，其故障自诊断方法不尽相同。

4.手动换挡测试

进行手动换挡测试的目的是判断出故障是出自电控系统还是机械系统（包括齿轮变速传动系统和液压控制系统）。

5.机械系统的测试

机械系统的测试包括失速试验、油压试验、换挡延迟试验、道路试验和手动换挡试验等几项内容，因厂家不同内容又有一定的差异。通过这几项试验，可以准确地判断出自动变速器机械系统的故障发生部位。

6.电控系统测试

电控系统测试主要是根据系统电路图检查线束导线以及各插接件是否有断路、短路、搭铁和接触不良的故障，检测各种传感器、执行器是否损坏和失效。

7.按故障诊断表检测

当按前述诊断步骤未发现异常，或者根据前述几个诊断步骤的结果很难准确判断具体的故障部位时，则为疑难故障。对疑难故障的诊断，一般可根据制造厂家提供的故障诊断表采取逐项排除法查找故障部位。

情境二：自动变速器电控系统的故障自诊断

一、丰田A341E型电控自动变速器的故障自诊断

当丰田A341E型电控自动变速器自诊断系统监测到控制系统有故障时，储存故障代码，并通过“O/D OFF”（超速切断）指示灯的闪烁［图2-2（a）］警告驾驶员。

接通点火开关，如图2-2（b）所示，超速挡开关关闭（OFF）时，“O/D OFF”指示灯应亮起；超速挡开关接通（ON）时，“O/D OFF”指示灯应熄灭。否则应检查“O/D OFF ”指示灯电路。

如果在超速挡开关接通（ON）时，“O/D OFF”指示灯闪烁，说明自诊断系统已储存了故障码，应进行自诊断操作，读取故障码。

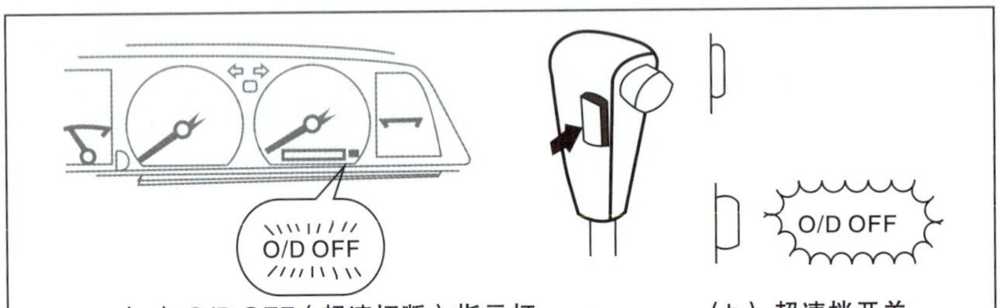

图2-2　O/D OFF（超速切断）指示灯与超速挡开关

1. 故障码的读取

打开点火开关，但不启动发动机。将超速挡开关置于接通位置（ON）。用导线短接TDCL或检查插接器的TE1 和E1端子（图2-3），通过“O/D OFF”指示灯的闪烁读取故障码。

故障码的闪烁方式为：第一次连续闪烁的次数为两位数故障码的十位数，第二次连续闪烁的次数为故障码的个位数。如果有两个或两个以上的故障码，则按数码从小到大的顺序逐个闪烁，相邻两个故障码之间间隔2.5s。A341E 型电控自动变速器的故障码如表2-1所示。

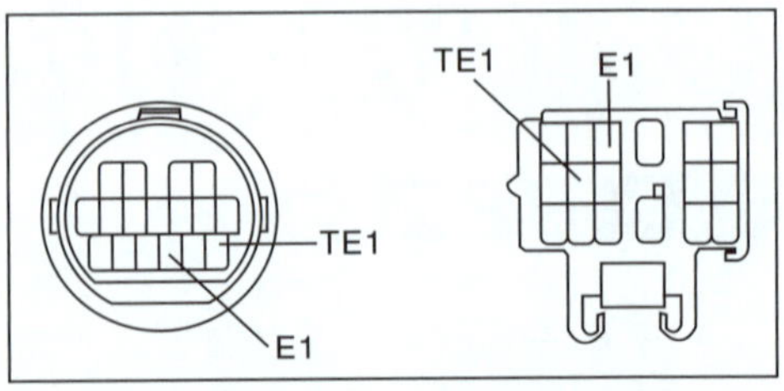

图2-3　TDCL 和检查插接器

表2-1　A341E型电控自动变速器故障码

故障码	故 障	故障部位
42	1号车速传感器线路有断路或短路	1号车速传感器，1号车速传感器线路，ECU
46	4号电磁阀电路开路或短路	4号电磁阀，4号电磁阀电路，ECU
61	2号车速传感器信号电路有断路或短路	2号车速传感器，2号车速传感器线路，ECU

续表

故障码	故 障	故障部位
62	1号电磁阀电路断路或短路	1号电磁阀，1号电磁阀线束或插接器，ECU
63	2号电磁阀电路断路或短路故障	2号电磁阀，2号电磁阀线束或插接器，ECU
64	3号电磁阀电路断路或短路故障	3号电磁阀，3号电磁阀线束或插接器，ECU
67	O/D直接挡转速传感器信号不良	O/D直接挡离合器转速传感器，O/D直接挡离合器转速传感器线束与插接器，O/D线束或插接器，ECU
68	强制降挡开关短路	强制降挡开关，强制降挡开关线束与插接器，ECU

如果“O/D OFF ”指示灯以每秒2 次的频率闪烁（图2-4），则表示系统无故障码。

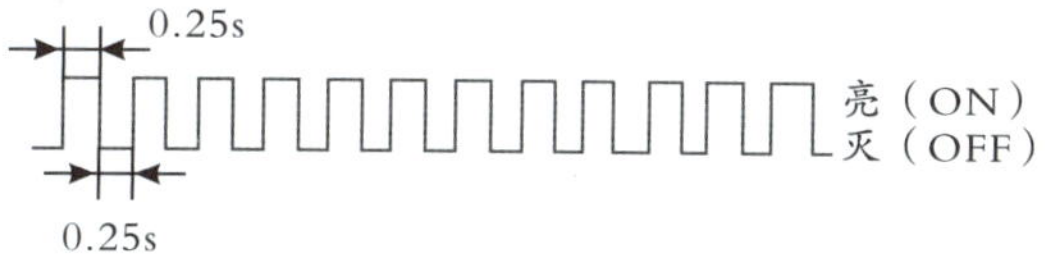

图2-4 系统正常的闪烁方式

说明

（1）当出现故障码64、68所示的故障时，“O/D OFF”指示灯不闪亮报警，但会储存其故障码。

（2）当出现偶然性故障，“O/D OFF”指示灯闪亮报警后故障又恢复正常时，“O/D OFF”指示灯就停止闪烁，但故障码仍被保存。只有进行故障码清除操作后才会消失。

（3）如果“O/D OFF”指示灯没有闪烁报警，但自诊断系统输出故障码，则说明有线路接触不良故障，应检修故障码所示的故障电路中的各个线束插接器。

（4）如果1号和2号车速传感器同时发生故障，将无故障码输出，且故障保险系统不起保险作用。因此，在D位行驶时，无论车速高低，变速器都不会从1挡升挡。

2. 故障码的消除

故障排除之后，应清除ECU存储器中的故障码。方法是：在点火开关关闭的情况下，拔下EFI熔丝（15A）10s以上。具体的时间长短取决于环境温度，温度越低，取下熔丝的时间也越要长些。

拆下蓄电池的搭铁线也可将故障码清除，但这会将ECU存储器中的其他信息也清除掉。将发动机与自动变速器（ECT）ECU的线束插接器拔开，也可清除故障码。

消除故障码后，应进行路试，检查“O/D OFF”指示灯是否闪烁正常的代码。

二、通用4T65E 型电控自动变速器的故障自诊断

1. 故障代码的读取

上海通用4T65E型电控自动变速器的故障码存储在PCM的存储器中，可用通用公司的故障诊断仪（Tech1或Tech2）通过转向柱下方的16针诊断插座（DLC）读取有关故障码和传感器及执行元件的即时数值。4T65E型电控自动变速器的故障码如表2-2所示。

表2-2 4T65E型电控自动变速器的故障码

DTC	故障内容	失效保护
P0218	变速器油液温度过高	冻结换挡
P0502	车辆速度传感器电路（低输入）	①按最大管路压力工作 ②PCM从ISS和指令的挡位计算车辆速度 ③冻结换挡
P0503	车辆速度传感器电路（间断）	①按最大管路压力工作 ②PCM从ISS计算的车辆速度和指令的齿轮 ③冻结换挡
P0711	变速器油液温度传感器电路（范围/效能）	①PCM从ECT和IAT计算默认TFT ②冻结换挡
P0712	变速器油液温度传感器电路（低输入）	①PCM从ECT和IAT计算默认TFT ②冻结换挡
P0713	变速器油液温度传感器电路（高输入）	①PCM从ECT和IAT计算默认TFT ②冻结换挡
P0716	输入轴转速传感器电路（间断）	①禁止TCC ②在热模式下抑制第四挡齿轮 ③冻结换挡
P0756	2～3换挡电磁阀（效能）	①按最大管路压力 ①禁止TCC ③默认到第三挡齿轮 ④冻结换挡
P0758	换挡电磁阀电路（电气）	①按最大管路压力 ②禁止TCC ③默认到第三挡齿轮 ④冻结换挡
P1810	变速器油液压力手动阀位置开关总成电路功能失效	①按最大管路压力 ②PCM假定D4用于换挡 ③冻结换挡
P1811	最大的适配和长时间换挡	①按最大管路压力工作 ②冻结换挡
P1860	变矩器离合器脉冲宽度可调电磁阀电路（电气）	①禁止TCC ②在热模式下禁止第四挡齿轮 ③冻结换挡
P1887	变矩器离合器释放开关电路功能失效	①禁止TCC ②在热模式下禁止第四挡齿轮 ③冻结换挡
P0717	输入轴转速传感器电路（低输入）	①禁止TCC ②在热模式下抑制第四挡齿轮 ③冻结换挡
P0719	制动器开关电路（低输入）	忽略用于TCC操作的制动器开关输入
P0724	制动器开关电路（高输入）	无
P0730	不正确的齿轮传动比	①按最大管路压力工作 ②冻结换挡
P0741	变矩器离合器系统（卡滞关闭）	①禁止TCC ②在热模式下抑制第四挡齿轮 ③冻结换挡
P0741	变矩器离合器系统（卡滞接通）	TCC指令接通

续表

DTC	故障内容	失效保护
P0748	压力控制电磁阀电路（电气）	①按最大管路压力工作 ②冻结换挡
P0751	1～2换挡电磁阀（效能）	①按最大管路压力工作 ②当车辆速度高于48km/h时，禁止3～2挂低挡 ③冻结换挡
P0753	1～2换挡电磁阀电路（电气）	①按最大管路压力工作 ②当车辆速度高于48km/h时，禁止3～2挂低挡 ③冻结换挡

2. 故障代码的清除

故障被排除后，需要清除故障码，可利用如下方法清除故障码：

（1）利用故障诊断仪清除故障码。

（2）把点火开关置于“OFF”挡，从保险丝盒内拔下PCM应急丝30s以上。

（3）断开蓄电池负极（有可能引起其他系统锁码）。

（4）拔下PCM的80针接头。

（5）PCM自动清码：一种是连续3个点火循环后，PCM没有检测到故障码，故障灯熄灭，无故障代码出现，PCM将取消应急状态。另一种是在汽车运行40个行驶循环（热车行驶一定的里程）后，无故障代码出现，PCM将自动清除原先的故障码。

情境三：自动变速器电控系统的检测

下面以丰田汽车为例，介绍汽车自动变速器电控系统的检测方法。

一、TT端子电压的检查

“O / D OFF”指示灯不能指示节气门位置传感器信号、制动信号或换挡位置信号，但是可通过测量插头“TT”端子的电压来检查，如图2-5所示。

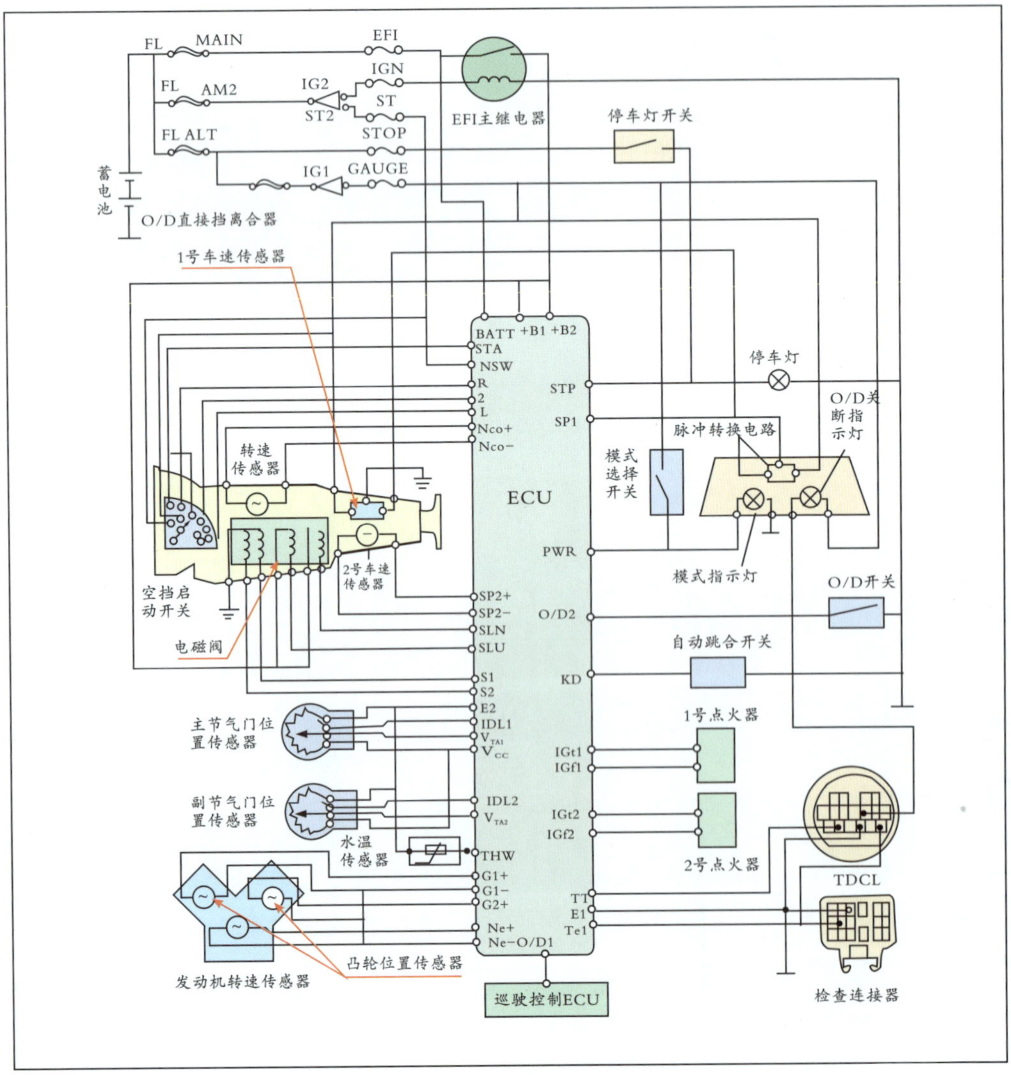

图2-5　ECT的电控系统电路图

1. 检查节气门位置传感器信号

（1）接通点火开关（处于“ON”位置），但不启动发动机。

（2）在检测插头“TT”和“El”端子之间接一直流电压表。

（3）缓慢踩下加速踏板，“TT”端子电压应当从0V阶梯升高到8V。

若电压变化不与节气门开度角成正比，则说明节气门位置传感器或电路有故障。

2. 检查制动信号

（1）用万用表直流电压挡，正表笔接“1VR”端子，负表笔接“E1”端子。

（2）接通点火开关（处于“ON”位置），但不启动发动机。

（3）踩下加速踏板，直到“TT”端子输出电压达到节气门位置传感器信号电压的最大值（8V）时，再踩下制动踏板，此时“TT”端子输出电压为0V，松开制动踏板，则为节气门位置传感器的最高信号电压（8V）。

如果指示电压不正确，则说明制动灯开关及其线路有故障，应予检修。

3. 检查换挡位置信号

（1）启动发动机并预热，使冷却液温度达到80℃。

（2）接通O/D开关（即O/D开关置于ON位置）。

（3）将驱动模式开关置于“NORM（普通）”位置。

（4）将选挡杆拨到“D”位。

（5）在以10km/h以上车速进行道路试验期间，检测“TT”端子输出电压是否与表2-3的升挡位置电压一致，即从0V逐渐升高到7V，则说明电控系统正常。

表2-3 各挡位升挡电压

升挡位置	一挡	二挡	二挡锁定	三挡	三挡锁定	O/D挡	O/D锁定
“TT”端子电压（V）	0	2	3	4	5	6	7

注意

换挡时，通过发动机的轻微振动或转速改变来确定传动挡位。正常的二挡、三挡锁止离合器很少接合。为触发这一作用，要将加速踏板踩下其行程的50%或更多。少于50%，电压可以按2-4-6-7V的顺序变化，这不算故障。

二、检查第一、第二电磁阀

1. 检查第一、第二电磁阀断路、短路故障

用万用表（欧姆挡）两个表笔分别接电磁阀插座上的接线端子与电磁阀壳体，其阻值正常应为11~15Ω。若阻值不符合要求（过大或过小），则应更换。

2. 检查第一、第二电磁阀的功能

把蓄电池正极接电磁阀的接线端子，负极接电磁阀外壳，此时电磁阀阀芯应当移动并发出“咔嗒”响声。若阀芯不动，则应检修或更换。

3. 检查第一、第二电磁阀的密封性

不通电时，向第一、第二电磁阀吹入490kPa的压缩空气，电磁阀阀门应不漏气；通电后电磁阀阀门应畅通。若不符合要求，则应更换。

三、检查第三、第四电磁阀

1. 检测第三、第四电磁阀断路、短路

用万用表（欧姆挡）两表笔分别接第三、第四电磁阀的两个接线端子，第三电磁阀电磁线圈的阻值应为3.6~4.0Ω，第四电磁阀电磁线圈的阻值应为5.1~5.5Ω。

若阻值过大或过小，则应更换第三、第四电磁阀。

2. 检测第三、第四电磁阀的功能

将蓄电池正极串联一只8~10W/12V灯泡后连接到端子“1”上，蓄电池负极接另一端子“2”，此时电磁阀阀芯应向里移动（注意电流不大于1A）；切断电路时，电磁阀阀芯应向外移动。

若阀芯不动，则应检修或更换。

四、检查空挡启动开关

用万用表的欧姆挡检查每一挡位时开关端子的导通情况，如图2-6所示。若不符合要求，则应检修或更换。

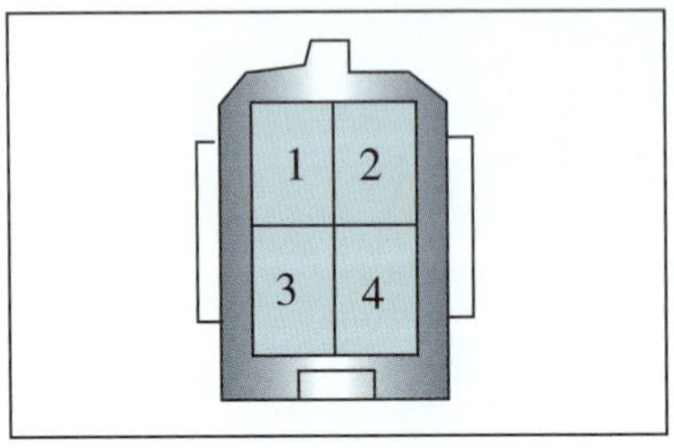

图2-6 超速挡开关插座示意图

五、检查超速挡开关（O/D开关）

超速挡开关的插座如图2-7所示。

拔下开关上的电线插头，当将O/D开关置于“OFF”位置时，用万用表（欧姆挡）检测插座的1号与3号端子，应导通。否则，应检修或更换。

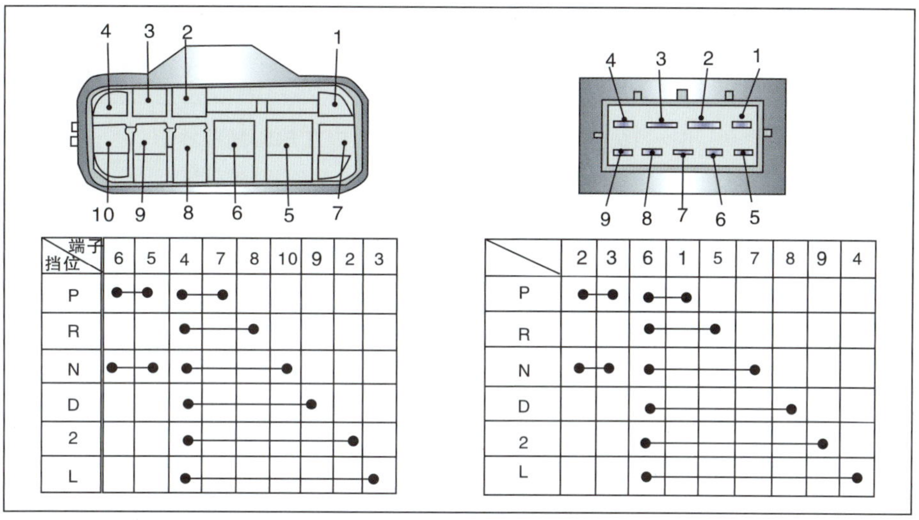

图2-7 检查空挡启动开关

六、检查驱动模式选择开关

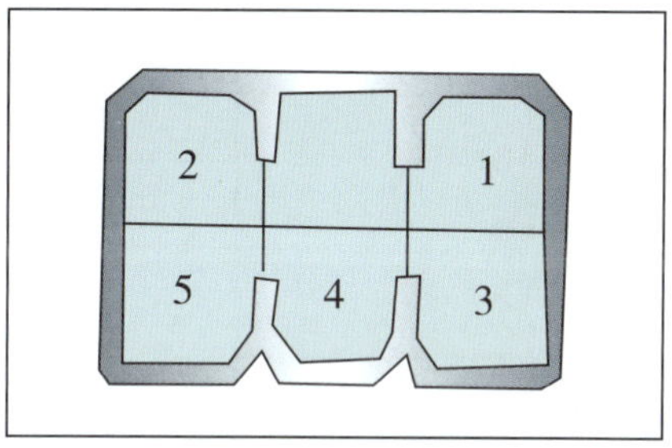

图2-8 驱动模式选择开关插座图

驱动模式选择开关插座如图2-8所示。

对SUPRA和CRESSIDA车型，当驱动模式选择开关在POWER位置时，用万用表（欧姆挡）测量2号与3号端子应导通；其他车型为5号与3号端子应导通。

当开关在NORMAL时，SUPRA与CRESSIDA车型的驱动模式选择开关插座的2号与4号端子应导通；其他车型为5号与4号端子应导通。

七、检查发动机和ECT电脑插头的电压

测量每一端子的电压时，点火开关拧至“ON”（接通）位置。

图2-9所示为CORONA（卡罗娜）和CARINAE车上A241E型自动变速器配用的发动机和ECT ECU插头有关端子；图2-10所示为CROWN（皇冠）车上A340E型自动变速器所配用的发动机和ECT ECU插头各有端子。

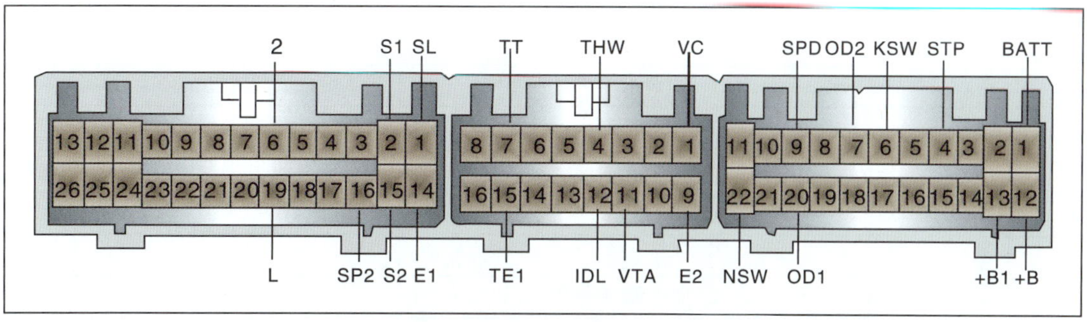

图2-9 CORONA（卡罗娜）和CARINAE车上ECT ECU插头

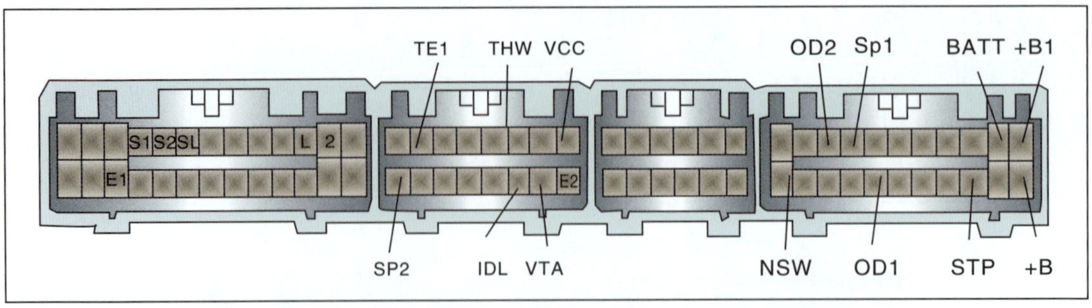

图2-10　CROWN（皇冠）车上ECT ECU插头端子

A240E、A241E和A340E型自动变速器ECU插头端子电压值如表2-4所示。

表2-4 丰田车系A240E、A241E、A340E自动变速器ECU端子电压测试值

端　子	测量条件	电　压(V)	
		A240E A241E	A340E
S1-E1	点火开关ON（接通）	10~14	7.5~14
S2，SL-E1	点火开关ON（接通）	1或更小	0
P-E1	PWR（动力）方式		7.5~14
	NORM（正常）方式		0~1.5
B，K（或STP） E1	制动踏板踩下	10~14	7.5~14
	制动踏板松开	1或更小	0
THW-E1	水温80℃	0.1~0.8	0.2~1.0
IDL-E1	节气门全关	1或更小	0
	节气门全开	4.5~5.5	7.5~14
VAT-E2	节气门全关	0.1~0.8	0.3~0.8
	节气门全开	4.5~5.5	3.2~4.9
VC（或VCC） E1		4.5~5.5	4.5~5.5
OD1-E1		10~14	5
0D2 -E1	O/D主开关接通（按下）	10~14	9~14
	O/D主开关断开（接起）	1或更小	0~3
SPD（或SPl）-E1	巡行控制主开关断开　停住不动	1或更小	0或5
	巡行控制主开关断开　车辆移动	重复：0<>10~14	2~3
SP2-E1	停住不动	1或更小	0或5
	车辆移动	重复：0<>4.5~5.5	2~3
NSW-E1	P、N挡位	10~14	0~3
	R、D、2、L挡位	1或更小	9~14
2-E1	2挡位	10~14	7.5~14
	2以外任何挡位	1或更小	0~2
L-E1	L挡位	10~14	7.5~14
	L以外任何挡位	1或更小	0~2
+B（+B1）-E1	点火开关ON（接通）	10~14	9~14
BATT-E1		10~14	9~14
KSW-E1	加速踏板松开	4.5~5.5	
	加速踏板踩下	1或更小	

八、检查制动灯开关

制动灯开关插头端子如图2-11所示。

用万用表（欧姆挡）检测，在制动踏板踩下时端子“1”和“3”应导通，否则，应更换制动灯开关。

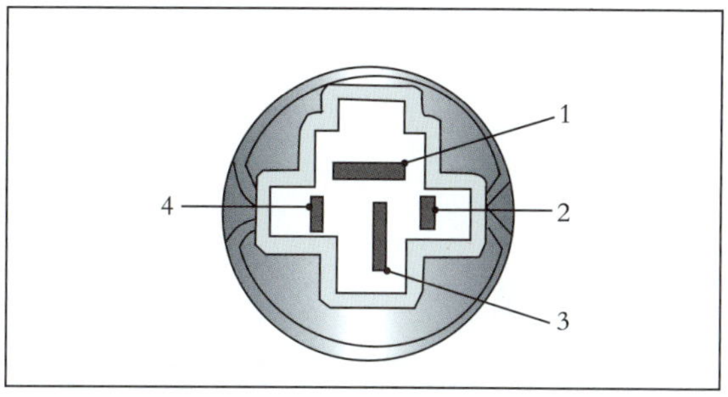

图2-11 制动灯开关插头端子

九、检查自动跳合开关

用万用表（欧姆挡）检测，在压下自动跳合开关时其两端子应导通。若不导通，则应更换自动跳合开关。

情境四：电控液力自动变速器常见故障的诊断与排除

一、汽车无法行驶

故障现象

1.无论操纵手柄位于倒挡、前进挡或前进低挡，汽车都不能行驶。

2.冷车启动后汽车能行驶一小段路程，但热车状态下汽车不能行驶。

故障原因

1.自动变速器油底壳渗漏，液压油全部漏光。

2.操纵手柄和手动阀摇臂之间的连杆或拉索松脱，手动阀保持在空挡或驻车挡位置。

3.油泵进油滤网堵塞。

4.主油路严重泄漏。

5.油泵损坏。

故障诊断与排除

1.检查自动变速器内有无液压油。其方法是：拔出自动变速器的油尺，观察油尺上有无液压油。若油尺上没有液压油，说明自动变速器内的液压油已漏光。对此，应检查油底壳、液压油散热器、油管等处有无破损。如有严重漏油处，应修复后重新加油。

2.检查自动变速器操纵手柄与手动阀摇臂之间的连杆或拉索有无松脱。如果有松脱，应予以装复，并重新调整好操纵手柄的位置。

3.拆下主油路测压孔上的螺塞，启动发动机，将操纵手柄拨至前进挡或倒挡位置，检查测压孔内有无液压油流出。

4.若主油路测压孔内没有液压油流出，应打开油底壳，检查手动阀摇臂轴与摇臂间有无松脱，手动阀阀芯有无折断或脱钩。若手动阀工作正常，则说明油泵损坏。对此应拆卸分解自动变速器，更换油泵。

5.若主油路测压孔内只有少量液压油流出，油压很低或基本上没有油压，应打开油底壳，检查油泵进油滤网有无堵塞。如无堵塞，说明油泵损坏或主油路严重泄漏。对此应拆卸分解自动变速器，予以修理。

6.若冷车启动时主油路有一定的油压，但热车后油压即明显下降，说明油泵磨损过甚。对此应更换油泵。

7.若测压孔内有大量液压油喷出，说明主油路油压正常，故障出在自动变速器中的输入轴、行星排或输出轴。对此应拆检自动变速器。

二、换挡冲击大

故障现象

1.在起步时，由驻车挡或空挡挂入倒挡或前进挡时，汽车振动较严重。

2.行驶中，在自动变速器升挡的瞬间汽车有较明显的振动。

故障原因

导致自动变速器换挡冲击大的故障原因很多，主要原因在于调整不当，机构元件性能下降或损坏，电控系统有故障，具体原因有：

1.发动机怠速过高。

2.节气门拉索或节气门位置传感器调整不当，使主油路油压过高。

3.升挡过迟。

4.真空式节气门开度阀的真空软管破裂或松脱。

5.主油路调压阀有故障，使主油路油压过高。

6.减振器活塞卡住，不能起减振作用。

7.单向阀钢球漏装，换挡执行元件（离合器或制动器）接合过快。

8.换挡执行元件打滑。

9.油压电磁阀不工作。

10.ECU有故障。

故障诊断与排除

由于引起换挡冲击的原因较多，因此在故障诊断的过程中必须循序渐进，对自动变速器的各个部分做认真的检查。若是由于调整不当所造成的，只要稍做调整即可排除；若是自动变速器内部控制阀、减振器或换挡执行元件有故障，应分解自动变速器，予以修理；若是电控系统有故障，应对电控系统进行检测。

具体检查诊断与排除步骤

1.检查发动机的怠速。装有自动变速器的汽车的发动机怠速一般为750r/min左右。若怠速过高，应按标准予以调整。

2.检查节气门拉索或节气门位置传感器的调整情况。如不符合标准，应重新予以调整。

3.检查真空式节气门开度阀的真空软管。如有破裂，应更换；如有松脱，应重新连接。

4.做道路试验。如果有升挡过迟的现象，则说明换挡冲击大的故障是升挡过迟所致。

如果在升挡之前发动机转速异常升高，导致在升挡的瞬间有较大的换挡冲击，则说明离合器或制动器打滑，应分解自动变速器，予以修理。

5.检测主油路油压。如果怠速时的主油路油压高，则说明主油路调压阀或节气门开度阀有故障，可能是调压弹簧的预紧力过大或阀芯卡滞所致；如果怠速时主油路油压正常，但起步进挡时有较大的冲击，则说明前进离合器或倒挡及高挡离合器的进油单向阀阀球损坏或漏装。对此应拆卸阀板，予以修理。

6.检测换挡时的主油路油压。在正常情况下，换挡时的主油路油压会有瞬时的下降。

如果换挡时主油路油压没有下降，则说明减振器活塞卡滞。对此应拆检阀板和减振器。

7.电控自动变速器如果出现换挡冲击过大的故障，应检查油压电磁阀的线路及油压电磁阀工作是否正常，ECU是否在换挡的瞬间向油压电磁阀发出控制信号。如果线路有故障，应予以修复；如果电磁阀损坏，应更换电磁阀；如果ECU在换挡的瞬间没有向油压电磁阀发出控制信号，说明ECU有故障，对此应更换ECU。

三、自动变速器不能升挡

故障现象

1.汽车行驶中自动变速器始终保持在1挡，不能升入2挡和高速挡。

2.行驶中自动变速器可以升入2挡，但不能升入3挡和超速挡。

故障原因

1.节气门拉索或节气门位置传感器调整不当。

2.调速器有故障。

3.调速器油路严重泄漏。

4.车速传感器有故障。

5.2挡制动器或高挡离合器有故障。

6.换挡阀卡滞。

7.挡位开关有故障。

故障诊断与排除

1.对于电控自动变速器，应先进行故障自诊断，按所显示的故障代码查找故障原因。

2.按标准重新调整节气门拉索或节气门位置传感器。

3.检查车速传感器，如有损坏，应予以更换。

4.检查挡位开关的信号，如有异常，应予以调整或更换。

5.测量调速器油压。若车速升高后调速器油压仍为0或很低，说明调速器有故障或调速器油路严重泄漏。对此应拆检调速器。调速器阀芯如有卡滞，应分解清洗，并将阀芯和阀孔用金相砂纸抛光。若清洗抛光后仍有卡滞，应更换调速器。

6.用压缩空气检查调速器油路有无泄漏，如有泄漏，应更换密封圈或密封环。

7.若调速器油压正常，应拆卸阀板，检查各个换挡阀。换挡阀如有卡滞，可将阀芯取出，用金相砂纸抛光，清洗后再装入。如不能修复，应更换阀板。

8.若控制系统无故障，应分解自动变速器，检查各个换挡执行元件有无打滑现象，用压缩空气检查各个离合器、制动器油路或活塞有无泄漏。

四、自动变速器无超速挡

故障现象

1.在汽车行驶中，车速已升高至超速挡工作范围，但自动变速器不能从3挡换入超速挡。

2.在车速已达到超速挡工作范围后，采用提前升挡（即松开加速踏板几秒后再踩下）的方法也不能使自动变速器升入超速挡。

故障原因

1.超速挡开关有故障。

2.超速电磁阀有故障。

3.超速制动器打滑。

4.超速行星排上的直接离合器或直接单向离合器卡死。

5.挡位开关有故障。

6.液压油温度传感器有故障。

7.节气门位置传感器有故障。

8.3～4换挡阀卡滞。

故障诊断与排除

1.对于电控自动变速器，应先进行故障自诊断，检查有无故障代码。液压油温度传感器、节气门位置传感器、超速电磁阀等部件的故障都会影响超速挡的换挡控制。按显示的故障代码查找故障原因。

2.检查液压油温度传感器在不同温度下的电阻值，并与标准值进行比较。如有异常，应更换液压油温度传感器。

3.检查挡位开关和节气门位置传感器的信号。挡位开关的信号应和操纵手柄的位置相符。节气门位置传感器的电阻或输出电压应能随节气门的开大而上升，并与标准相符。如有异常，应予以调整。若调整无效，应更换挡位开关或节气门位置传感器。

4.检查超速挡开关。在“ON”位置时，超速挡开关的触点应断开，超速指示灯（O/D OFF）不亮；在“OFF”位置时，超速挡开关触点应闭合，超速指示灯（O/D OFF）亮起。如有异常，应检查电路或更换超速挡开关。

5.检查超速电磁阀的工作情况。打开点火开关，但不要启动发动机，在按下超速挡开关时，检查超速电磁阀有无工作的声音。如果超速电磁阀不工作，应检查控制线路或更换超速电磁阀。

6.用举升器将汽车升起，让驱动轮悬空。运转发动机，让自动变速器以前进挡工作，检查在空载状态下自动变速器的升挡情况：

（1）如果在空载状态下自动变速器能升入超速挡，且升挡车速正常，说明控制系统工作正常，不能升挡的故障原因为超速制动器打滑，在有负荷的状态下不能实现超速挡。

（2）如果能升入超速挡，但升挡后车速不能提高，发动机转速下降，说明超速行星排中的直接离合器或直接单向离合器卡死，使超速行星排在超速挡状态下出现运动干涉，加大了发动机运转阻力。

（3）如果在无负荷状态下仍不能升入超速挡，说明控制系统有故障。对此应拆卸阀板，检查3~4换挡阀。

（4）如有卡滞，可将阀芯拆下予以清洗并抛光。

（5）如不能修复，应更换阀板总成。

五、自动变速器无前进挡

故障现象

1.汽车倒挡行驶正常，在前进挡时不能行驶。

2.操纵手柄在D位时不能起步，在S位、L位（或2位、1位）时可以起步。

故障原因

1.前进离合器严重打滑。

2.前进单向离合器打滑或装反。

3.前进离合器油路严重泄漏。

4.操纵手柄调整不当。

故障诊断与排除

1.检查操纵手柄的调整情况。如果异常，应按规定程序重新调整。

2.测量前进挡主油路油压。若油压过低，说明主油路严重泄漏，应拆检自动变速器，更换前进挡油路上各处的密封圈和密封环。

3.若前进挡的主油路油压正常，应拆检前进离合器。如摩擦片表面有烧焦或磨损过甚，应更换摩擦片。

4.若主油路油压和前进离合器均正常，则应拆检前进单向离合器，按照维修手册所述方法检查前进单向离合器的安装方向是否正确以及有无打滑。如果装反，应重新安装；如有打滑，应更换新件。

六、自动变速器无倒挡

故障现象

汽车在前进挡能正常行驶，但在倒挡时不能行驶。

故障原因

1.操纵手柄调整不当。
2.倒挡油路泄漏。
3.倒挡及高挡离合器或低挡及倒挡制动器打滑。

故障诊断与排除

1.检查操纵手柄的位置。如有异常，应按规定程序重新调整。
2.检查倒挡油路油压。若油压过低，则说明倒挡油路泄漏。对此，应拆检自动变速器予以修复。
3.若倒挡油路油压正常，应拆检自动变速器，更换损坏的离合器片或制动器片（制动带）。

课题小结

1. 电控自动变速器的结构比较复杂，一旦出现故障，检修的难度较大。因此首先必须要确定故障部位，而确定故障部位的关键是故障诊断。

2. 当电控自动变速器自诊断系统监测到控制系统有故障时，储存故障代码，并通过“O/D OFF”指示灯的闪烁。

3. 对自动变速器电控系统进行检测时，应对与故障有关的部件和线路连接进行仔细检查。

4. 汽车自动变速器使用一段时间后，随着技术状况的下降会出现一系列故障，常见的故障会通过一定的现象特征表现出来。

思考与练习

1. 自动变速器的故障诊断程序有哪些?
2. 怎样读取自动变速器电控系统的故障代码?
3. 自动变速器电控系统的检测主要包括哪些内容?
4. 常见的自动变速器故障有哪些?

第三部分

ABS和ESP系统的检测与故障诊断

情境一：防抱死制动系统(MK-20)的检测与故障诊断

一、ABS系统的工作原理

捷达系列轿车采用的是美国ITT公司MK20型ABS电控系统，是三通道的ABS调节回路，前轮单独调节，后轮则以两轮中地面附着系数低的一侧为依据统一调节。其ABS系统主要由ABS控制器（包括电子控制单元、液压单元、液压泵等）、4个车轮转速传感器、ABS故障警告灯、制动警告灯等组成，如图3-1所示。

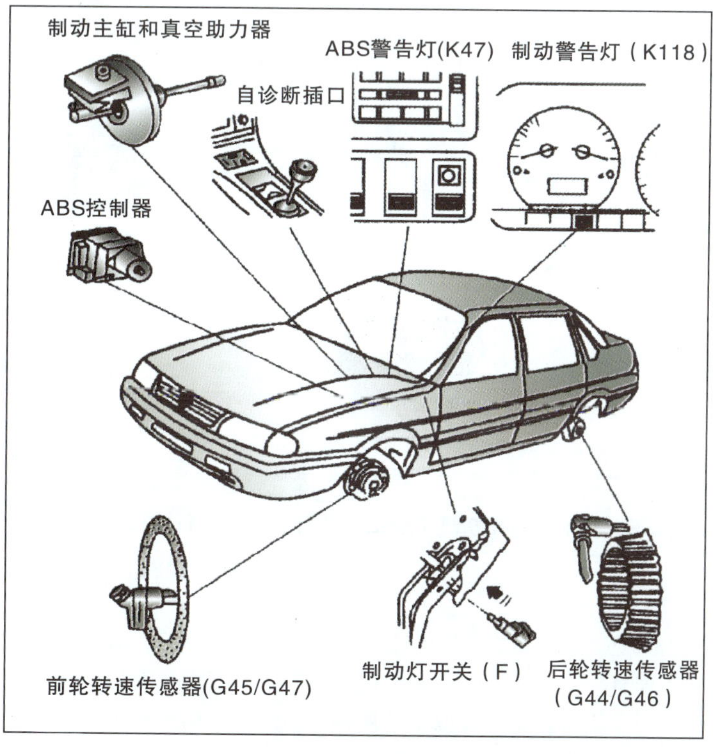

图3-1 ABS系统组件在车上的安装位置

MK20型ABS系统元件布置如图3-2所示，其传感器执行器和控制单元实物图如图3-3所示。

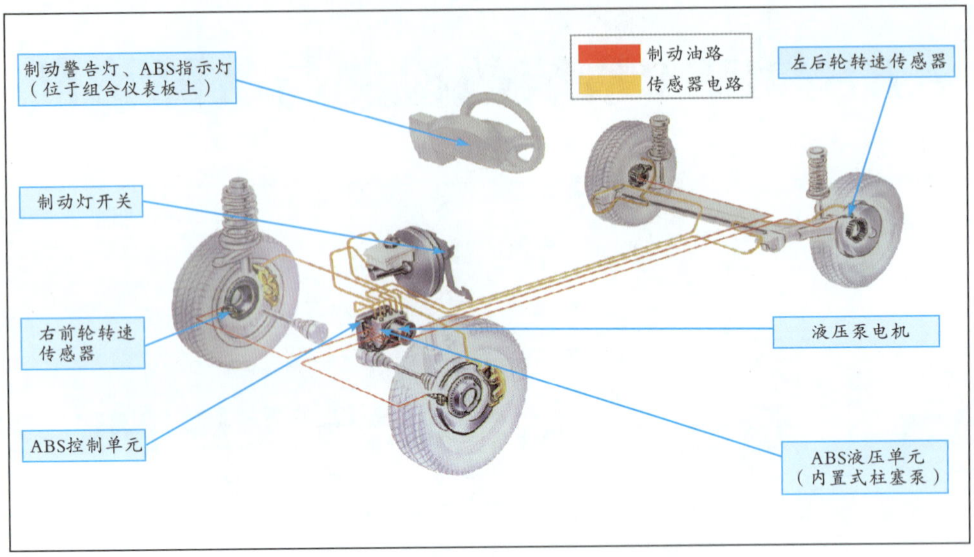

图3-2　MK20防抱死制动系统（ABS）布置图

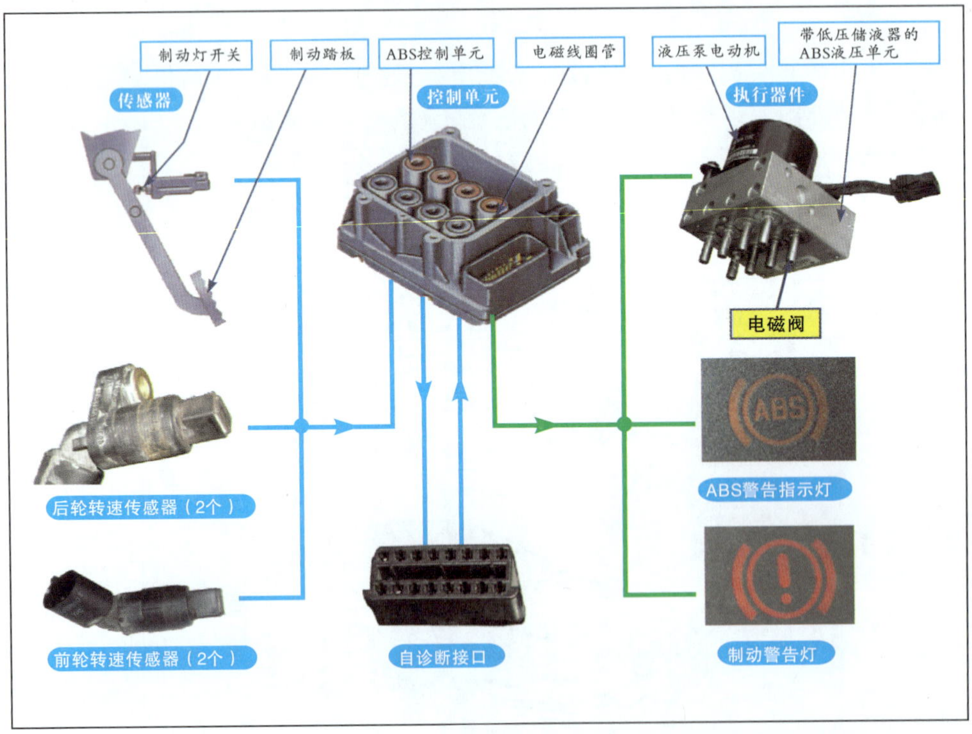

图3-3　防抱死制动系统（ABS）的传感器、执行器和控制单元

◆防抱死系统的原理

汽车在制动过程中，车轮传感器将车轮的转速信号反馈给ABS控制单元，ABS控制系统根据该信号及内部储存的数据计算出车轮的滑移率（即有车轮抱死并向一侧滑移的趋向）。当滑移率超过规定值时ABS控制单元发出指令给液压单元，令其保持或减小制动压力，完成防抱死过程。制动过程中如果车轮没有抱死的趋势，ABS不参与制动压力的控制。ABS的工作过程参考图3-4。

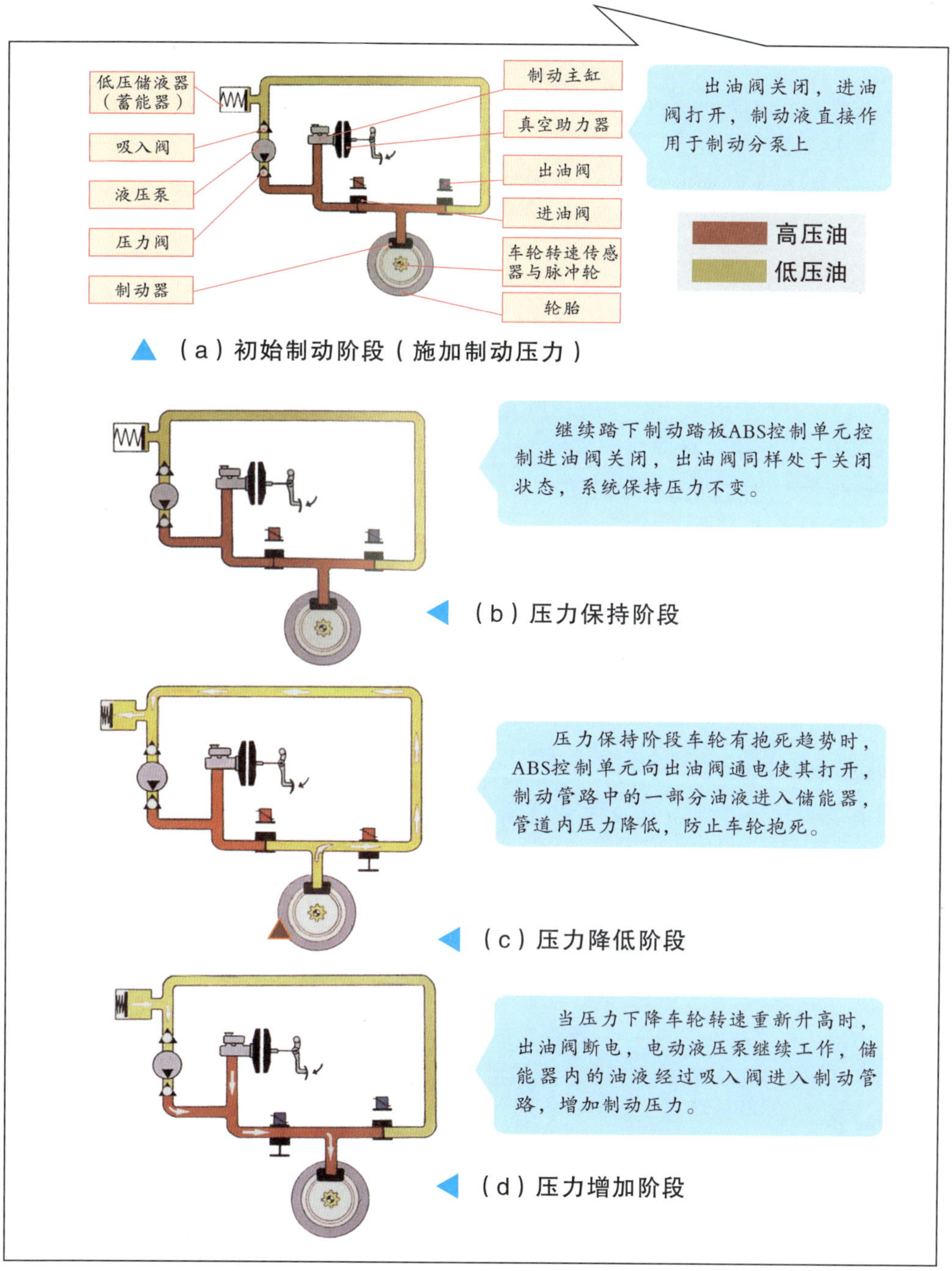

图3-4 ABS的制动过程

二、ABS故障诊断

1. 检查ABS警告灯

检查ABS警告灯是否依下列方式亮起：

（1）点火开关转到“ON”，ABS警告灯亮大约1.7s然后熄灭。

（2）如果不是上述情况表示有故障请检查故障码。

（3）如果警告灯完全不亮参考无故障码故障检查表。

2. 信息状态的读取

接通故障诊断仪后，将点火开关转至“ON”挡，选取功能菜单项“01”，按“OK”确认，屏幕将显示下列状态信息：

例如ECU图号及版本号：ABSMK20IE。

编码01901。

3. 读取和清除故障码

（1）在功能选择菜单中选择“02读取故障码”后，首先显示故障总数，如果没有故障代码，则显示无故障代码。这时按“OK”键翻页，往下翻看故障代码及其描述。故障码前一般有P或者O字样，表示这是一个持续性故障（Persistent）或是偶然性故障（Occasional）。持续故障一直存在，偶然性故障则可以被清除，只有实车行驶才有可能再现。

注意

读取故障代码功能不能中途退出，只有翻阅完所有故障代码后，才能返回功能菜单，清除故障码。

（2）选择功能菜单“05”，按“OK”键，即可消除故障码，如果故障码无法消除表示这个故障码代表的故障一直存在，如果存储的故障可以消除，表示这是一个偶发性故障，须在实车行驶时才能重新检测到。

4. 故障码显示方式（表3-1）

表3-1 故障码显示方式

系统问题		显示代码
目前没有问题（ABS警告灯不亮）	以前不曾发生	无故障码
	以前曾发生	偶发性故障码
问题仍存在（ABS警告灯亮）	以前不曾发生	非偶发性故障码
	以前曾发生	偶发性故障码和非偶发性故障码

5. 液压控制单元诊断

用故障诊断仪可对液压控制单元进行诊断，在功能中选择“3液控单元诊断”后，按下列步骤操作。（表3-2）

表3-2 液压控制单元诊断步骤

步骤	操作者动作	屏幕显示	正常时的结果
01		液控单元诊断——液压泵测试	泵电机工作
02	踩下制动踏板不放	左前轮——踩下制动踏板	
03		左前轮——常开阀开，常闭阀闭，车轮抱死	车轮抱死
04		左前轮——常开阀闭，常闭阀闭，车轮抱死	车轮抱死
05		左前轮——常开阀闭，常闭阀开，车轮可自由转动	车轮可自由转动，踏板回弹，可听见泵电机工作噪声
06		左前轮——常开阀闭，常闭阀闭，车轮可自由转动	车轮可自由转动
07		左前轮——常开阀开，常闭阀闭，车轮抱死	车轮抱死，踏板自动微微下沉
08	松开制动踏板		

对每一轮子执行上面2～8步的测试。顺序如下：左前→右前→左后→右后。

如果上面的各个步骤中某一步结果与正常时的结果不同，说明相应的执行元件未能正常工作，请检查相应元件。

这里凡是屏幕出现“返回”的位置，都可以用“ESC”键结束测试，返回功能菜单。

6. 故障排除快速索引表（表3-3）

表3-3 故障排除快速索引表

诊断码	故障描述	诊断内容	检查表编号
65535	电子控制单元	损坏	
01276	ABS液压泵	电动机无法工作	1
00283	左前轮传感器	电气及机械故障	2、3、4
00285	右前轮传感器		
00290	左后轮传感器		
00287	右后轮传感器		
01044	ABS编码错误		5
00668	供电端子30		6
01130	ABS工作异常	信号不符合	7

7. 无故障码故障检查表索引（表3-4）

表3-4　无故障排除快速索引表

故障状况			检查表编号
点火开关转到“ON”（发动机熄火状态），ABS警告灯不亮			1
发动机发动后，警告灯不灭			2
ABS工作异常		两侧制动力不均匀	3
		制动力不足	
		轻踩制动踏板时ABS工作（汽车处于静止状态）	
		轻踩制动踏板时ABS工作（汽车处于行驶状态）	
	ABS工作时，制动踏板剧烈振动		
制动踏板行程过长			4
需用很大的力踩制动踏板			5
无故障代码输出（无法与故障诊断仪通讯）			6

8. ABSECU插座针脚分布（图3-5）

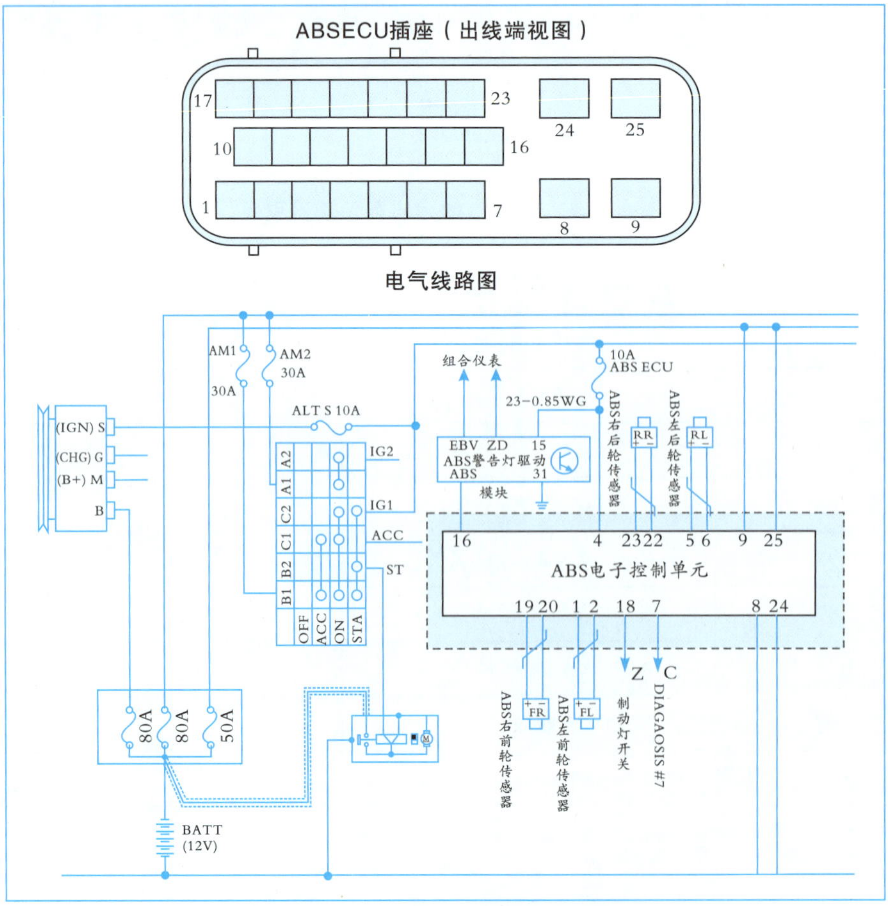

图3-5　ABS ECU插座针脚分布

三、ABS故障检查

1. 故障码故障检查表（表3-5）

表3-5 故障码故障检查表

	可能原因
1 故障码为01276 [说明]当车速超过20km/h时，ABS ECU监控到电动机不能正常工作，就会记录此故障码 [提示]出现此故障时，可能是电动机和ECU之间的线束连接松脱。用故障诊断仪的液压单元功能测试可以驱动电动机进行此项测试	·电源断路或搭铁 ·电动机线束松脱 ·电动机损坏

注意

如果蓄电池过度放电，电动机将无法驱动，所以在进行电动机驱动测试时应先确认蓄电池电压是否正常，进行电动机驱动测试时车辆须在静止状态下。

进行电动机驱动测试时确认蓄电池是否正常：

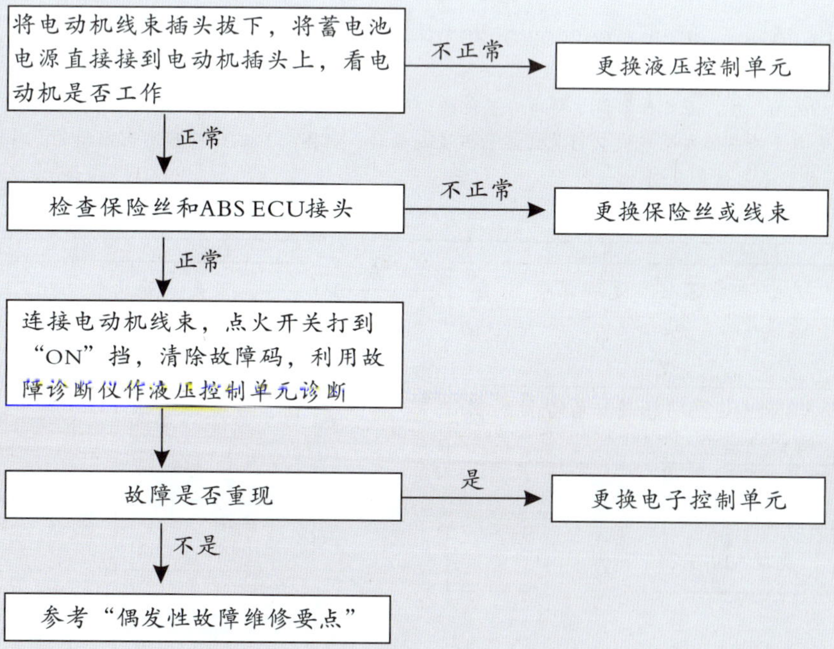

2 故障码为00283、00285、00290、00287

[说明]当检测不到回路开路，而车速达20km/h以上仍没有信号输出时，此故障码即出现

[提示]可能是因为传感器漏装，传感器线圈或线束短路，传感器与齿圈之间气隙过大或是齿圈损坏所引起的

可能原因

- 传感器漏装
- 传感器线圈或线束短路
- 传感器与齿圈间的气隙过大
- 齿圈漏装
- ABS ECU故障

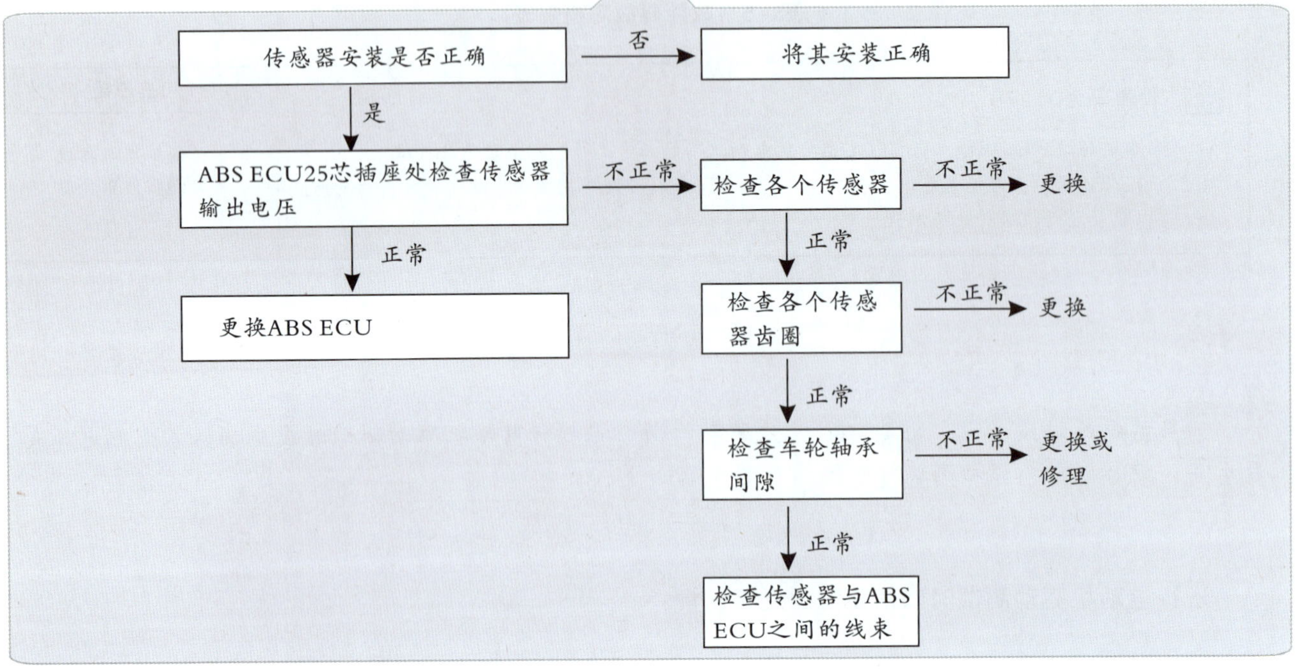

3 故障码为00283、00285、00290、00287

[说明]当车速>20km/h时，若传感器信号超出公差范围，即出现此故障码

[提示]很可能是由于传感器线圈或线束间歇性接触不良或短路，齿圈损坏或传感器与齿圈间的气隙过大而造成传感器信号太弱

可能原因

- 传感器线圈或线束间歇性接触不良或短路
- 传感器与齿圈间的气隙过大或过小
- 齿圈齿损坏
- 轴承间隙过大
- ABS ECU故障

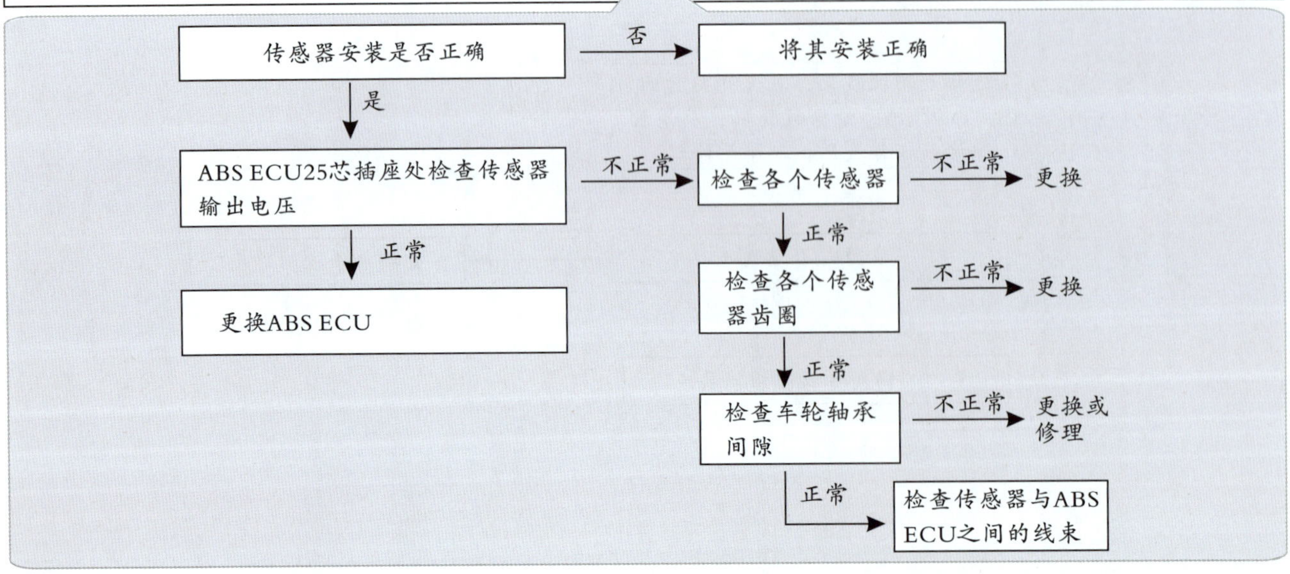

4 故障码为00283、00285、00290、00287

[说明]传感器存在可识别开路、短路等故障时，即出现此故障码

[提示]可能是因为传感器接触不良，线圈或线束短路或ABS ECU中的传感器信号处理电路有故障

可能原因

- 传感器插接件或线圈开路
- 传感器线圈出现短路
- 传感器插头或线束与搭铁或电源短路
- ABS ECU传感器信号处理电路有故障

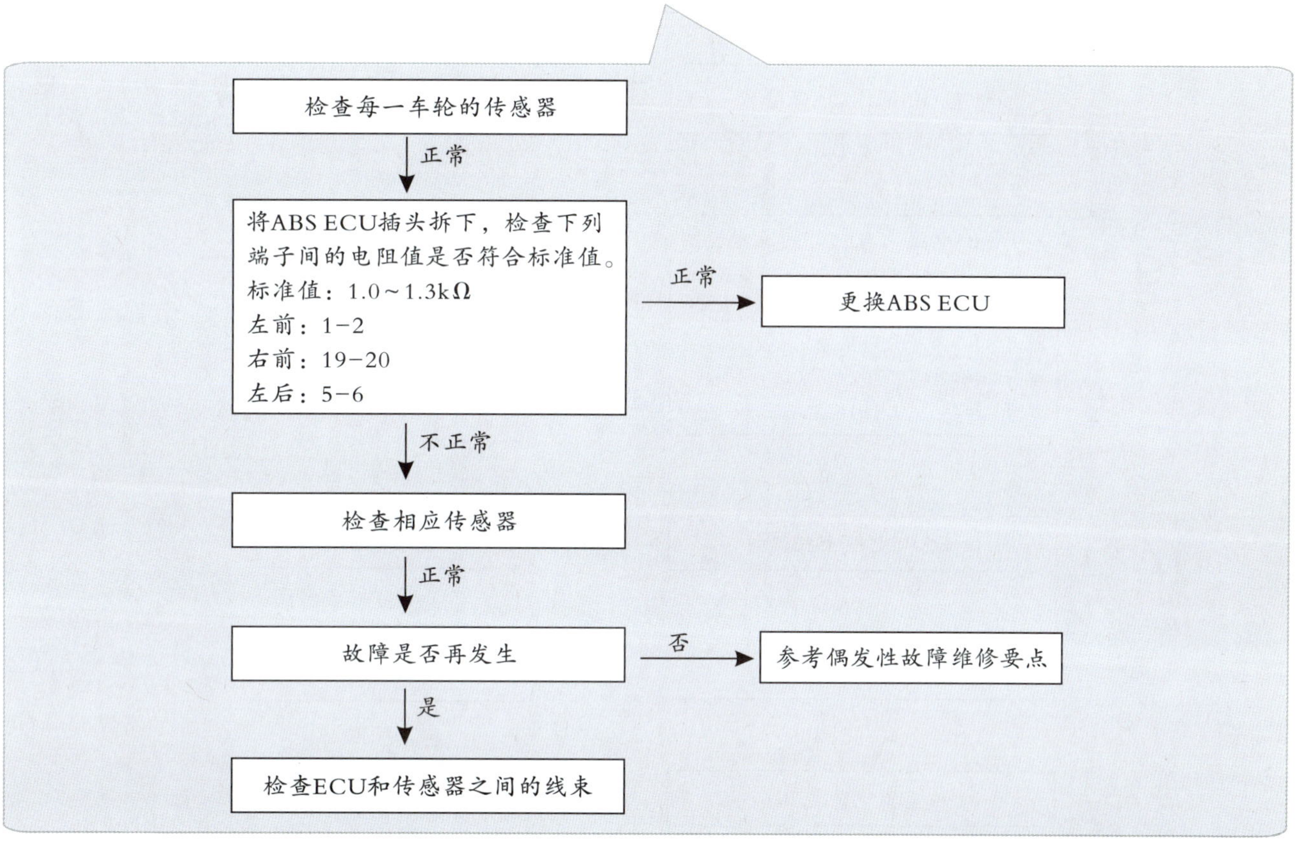

5 故障码为01044

[说明]当ECU的软件编码与ABS线束的硬件跳针连接不一致时，出现此故障码

可能原因

- 在ABS线束中跳针连接错误
- ABS ECU编码错误

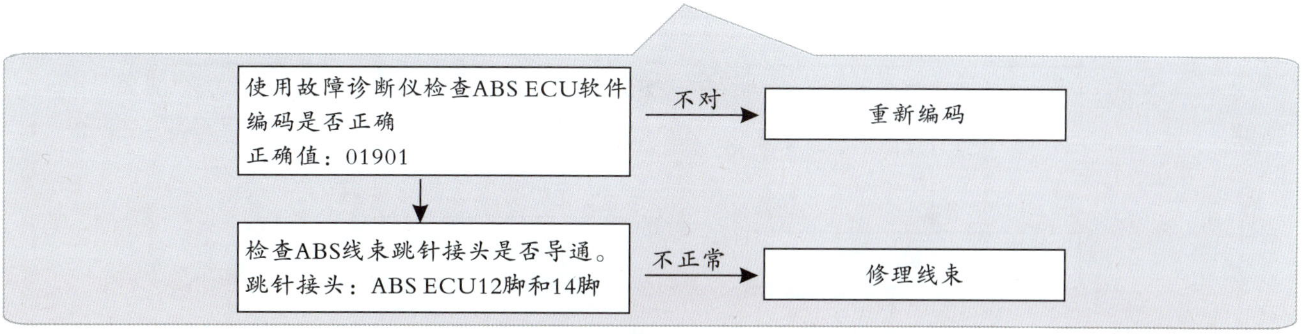

6 故障码为00668

[说明]当供电端子30未提供电压或电压太高时，即出现此故障码

可能原因

- ABS系统保险丝烧断
- 蓄电池电压太低或太高
- ABS电线束插接件损坏
- ABS ECU损坏

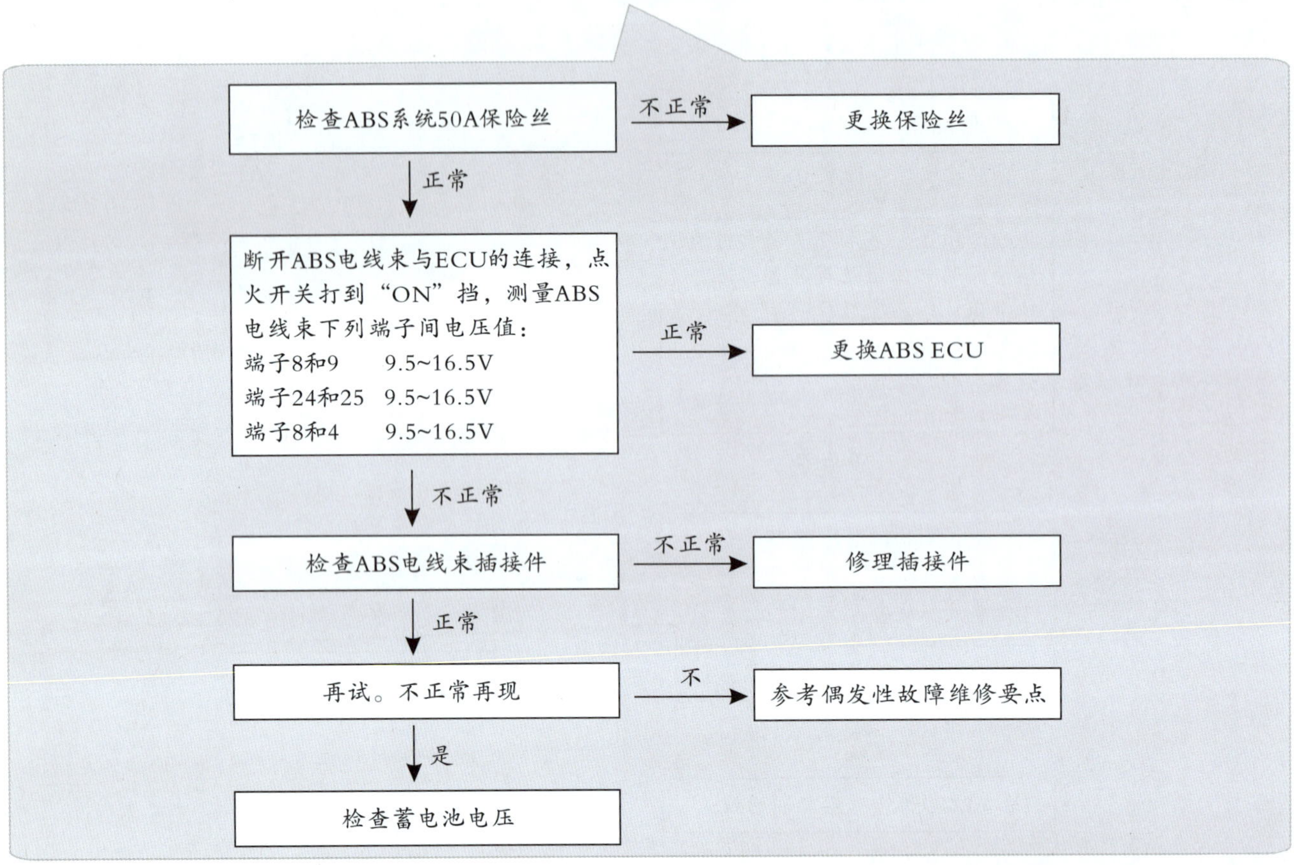

7 故障码为01130

[说明]当ABS受高频电磁波干扰或微处理器认为输入车速信号不可信时，即出现此故障码

可能原因

- 高频电磁波干扰
- 传感器损坏或传感器电线束损坏
- ABS ECU损坏

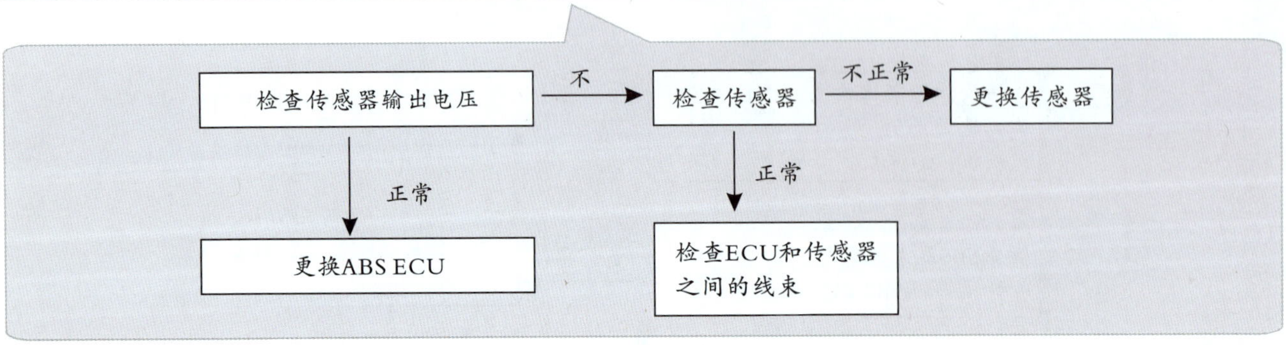

2. 无故障码故障检查表（表3-6）

表3-6 无故障码故障检查表

	可能原因
1 点火开关在“ON”位置（发动机熄火），而ABS警告灯不亮 [说明] ABS警告灯不亮，可能是警告灯电源回路开路，灯泡烧坏或警告灯驱动模块损坏	·保险丝烧坏 ·ABS警告灯灯泡烧毁 ·电源线路断路 ·ABS警告灯驱动模块损坏

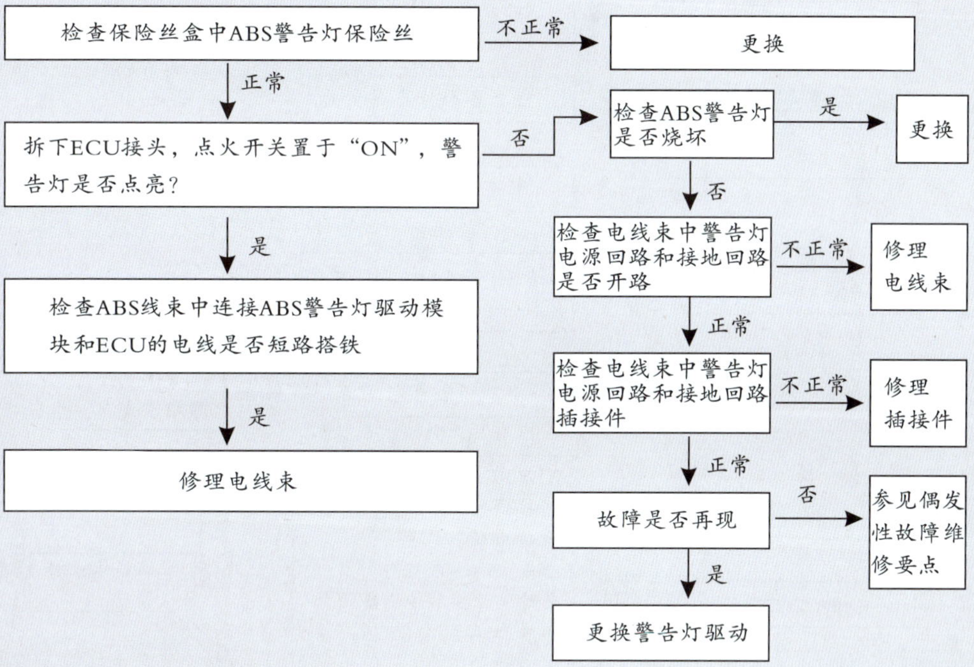

	可能原因
2 发动机启动后，ABS警告灯常亮 [说明] 可能原因是ABS警告灯驱动模块损坏或ABS警告灯回路开路	·警告灯驱动模块损坏 ·ABS警告灯驱动模块回路开路 ·ABS ECU损坏

注意

此故障形式只限于系统可与故障诊断仪通讯（ABS ECU电源供应正常），且无故障代码出现的情况。

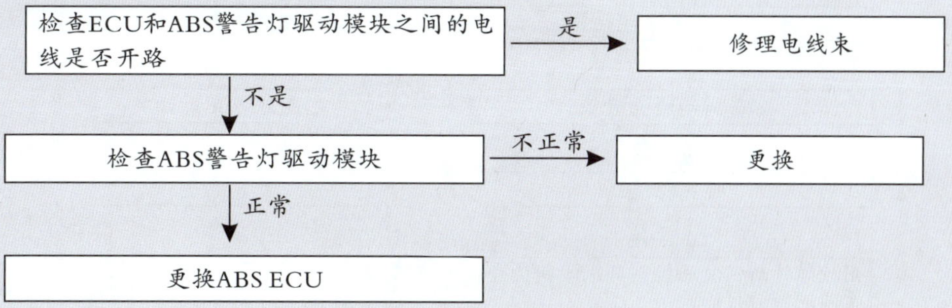

3 ABS工作异常

可能原因

- 传感器安装不当
- 传感器线束有问题
- 传感器损坏
- 齿圈损坏
- 传感器沾附异物
- 车轮轴承损坏
- ABS HCU（液压单元）损坏
- ABS ECU（电控单元）损坏

[说明] 这个问题与驾驶员状况及路面条件密切相关，所以不容易进行故障诊断，然而，如果没有故障码记忆，可进行下列检查

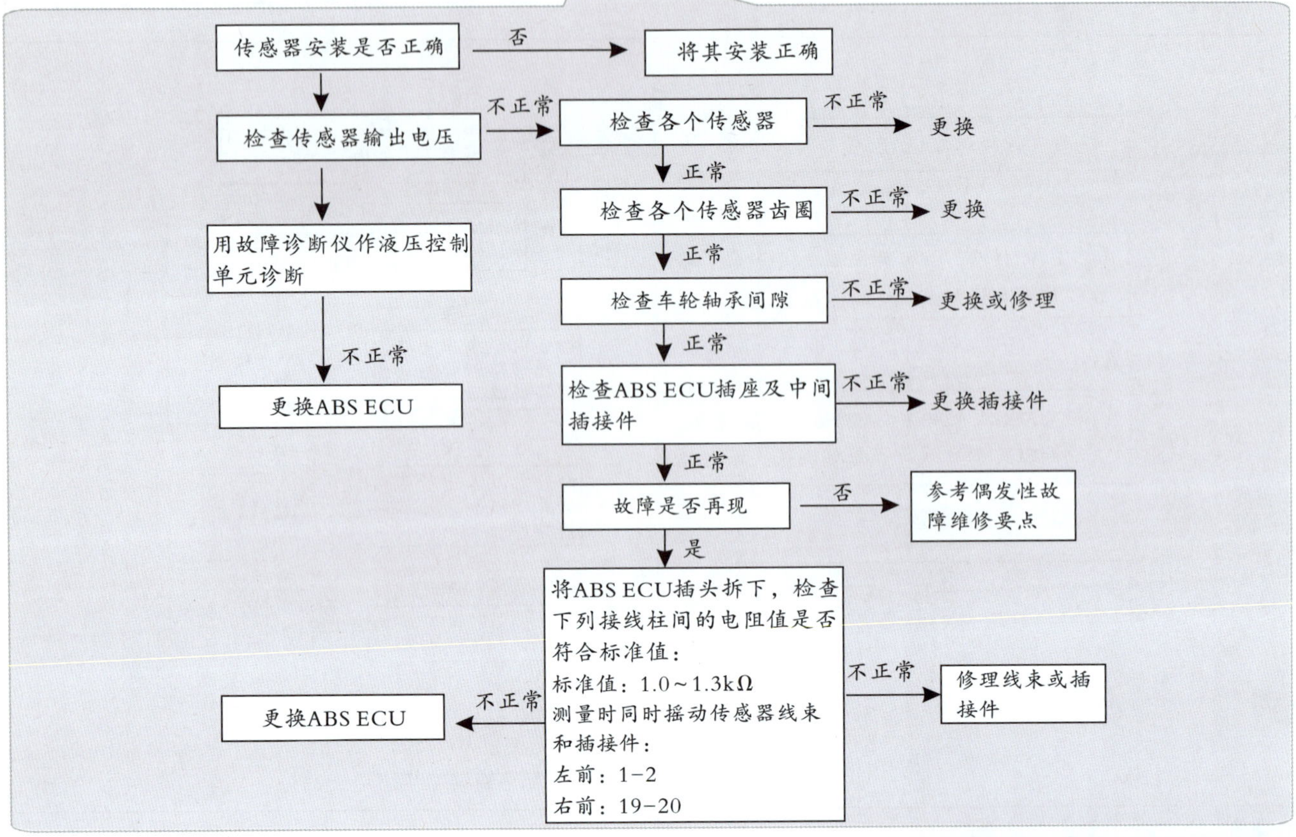

4 制动踏板行程过长

可能原因

- 漏制动液
- 系统中有空气
- 制动盘严重磨损
- 制动液面开关出现故障

[说明] 先以目视检查是否有外部泄漏或机械故障，用排气方法检查系统中是否有空气，用故障诊断仪液压单元功能测试检查常闭阀是否泄漏

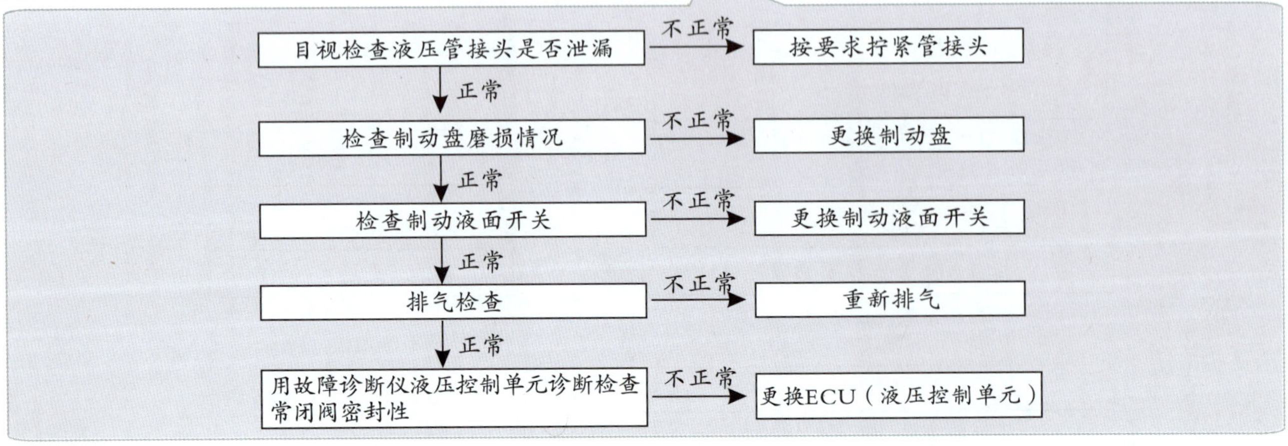

5 须用很大的力踩踏板

[说明] 用传统方法检查助力器和制动踏板行程。常开阀的故障可用故障诊断仪液压单元功能测试进行检查

可能原因

· 助力器有问题
· 常闭阀有问题

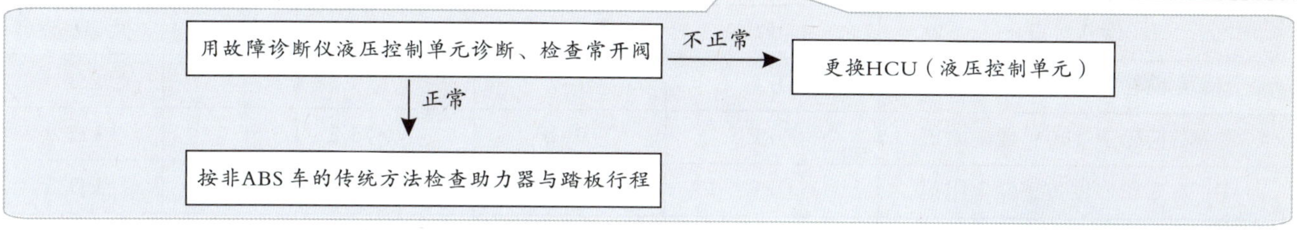

6 无诊断码输出（无法与故障诊断仪通讯）

[说明] 无法与故障诊断仪通讯时可能是ABS ECU的电源回路或是诊断线回路开路

可能原因

· 保险丝烧毁
· 诊断线断裂或接头松脱
· ABS ECU损坏
· 故障诊断仪有问题

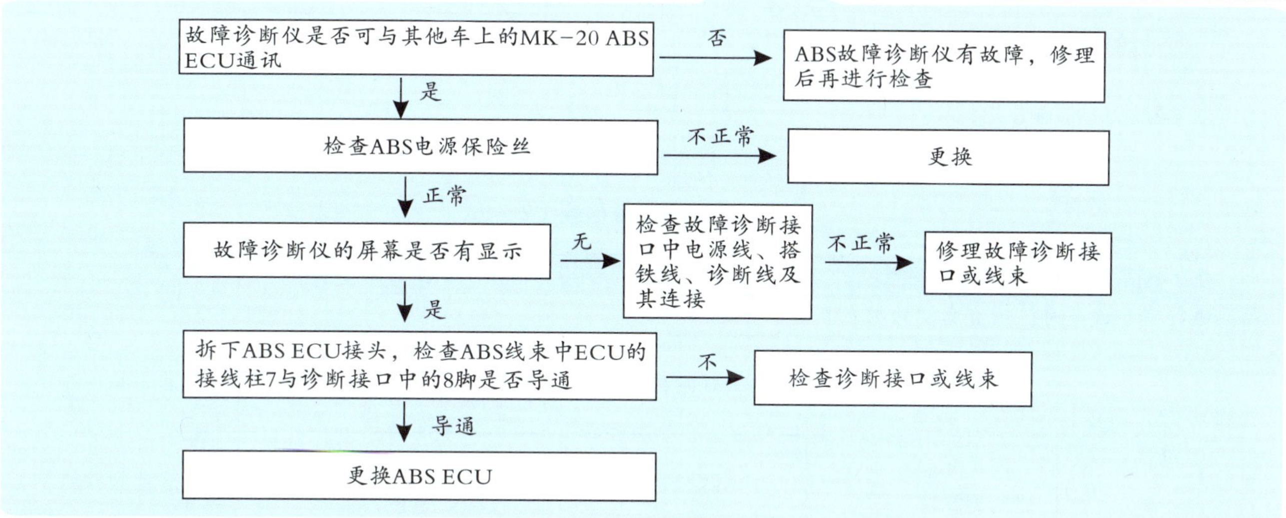

3. ABS系统检查（表3-7）

表3-7 ABS系统检查（1）

检查项目	点火开关挡位	接线柱	标准值	单位
蓄电池电压（电动机）	OFF	25-8	10.1～14.5	V
蓄电池电压（电磁阀）	OFF	9-24	10.1～14.5	V
电源绝缘性能	OFF	8-4	0.00～0.5	V
搭铁绝缘性能	OFF	8-24	0.00～0.5	V
电源电压	ON	8-4	10.1～14.5	V
ABS警告灯	OFF	ECU未连接	警告灯熄	目视
	ON		警告灯亮	目视
	OFF	连接ECU	警告灯熄	目视
	ON		警告灯亮约1.7秒后熄灭	目视
制动灯开关功能踏板未踩下	ON	8-18	0.00～0.5	V

续表

检查项目	点火开关挡位	接线柱	标准值	单位
制动灯开关功能踏板踩下	ON	8–18	10.0 ~ 14.5	V
诊断接口	OFF	诊断接头K和7	0.0 ~ 0.5	Ω
左前轮速度传感器电阻值	OFF	1–2	1.2 ~ 1.3	kΩ
右前轮速度传感器电阻值	OFF	19–20	1.2 ~ 1.3	kΩ
左后轮速度传感器电阻值	OFF	5–6	1.0 ~ 1.3	kΩ
右后轮速度传感器电阻值	OFF	22–23	1.0 ~ 1.3	kΩ
左前轮传感器输出电压值	OFF	1–2	3.4 ~ 14.8	MV/Hz
右前轮传感器输出电压值	OFF	19–20	3.4 ~ 14.8	MV/Hz
左后轮传感器输出电压值	OFF	5–6	>12.2	MV/Hz
右后轮传感器输出电压值	OFF	22–23	>12.2	MV/Hz
速度传感器输出电压比	$\frac{\text{最高峰峰值电压}}{\text{最低峰峰值电压}} \leqslant 2$			

表3-8 ABS系统检查（2）

检查项目	钥匙开关挡位	操作	标准值	备注
注：进行下列检查时，须有真空作用在真空助力器上。				
左前轮常开阀及常闭阀密封性	ON	踩踏板	左前轮无法转动时，踏板不下沉	常闭阀检查
	ON（两阀和泵同时通电）	踩踏板	左前轮可自由转动，踏板不下沉	常开阀检查
右前轮常开阀及常闭阀密封性	ON	踩踏板	右前轮无法转动时，踏板不下沉	常闭阀检查
	ON（两阀和泵同时通电）	踩踏板	右前轮可自由转动，踏板不下沉	常开阀检查
左后轮常开阀及常闭阀密封性	ON	踩踏板	左后轮无法转动时，踏板不下沉	常闭阀检查
	ON（两阀和泵同时通电）	踩踏板	左后轮可自由转动，踏板不下沉	常开阀检查
右后轮常开阀及常闭阀密封性	ON	踩踏板	右后轮无法转动时，踏板不下沉	常闭阀检查
	ON（两阀和泵同时通电）	踩踏板	右后轮可自由转动，踏板不下沉	常开阀检查

注：本项检查用故障诊断仪功能“03 液压控制单元诊断”进行诊断。

4. ABS工作检查

（1）检查车轮速度传感器输出电压

①检查车轮速度传感器与齿圈之间的间隙是否合乎标准值。
②顶起车轮松开手制动。
③拆下ABS电线束在线束插接器处测量。
④每秒约1/2转的速度转动车轮用万用表或示波器测量输出电压。
接线柱1-2
接线柱19-20
接线柱5-6
接线柱22-23
输出电压
前轮参见相关标准。
后轮参见相关标准。
⑤输出电压不在以上范围内可能是下述原因：
· 传感器和齿圈之间气隙过大。
· 传感器故障。
· 检查传感器电阻值（1.0~1.3kΩ）。
· 在齿圈上取四点检查齿圈与车轮速度传感器之间的气隙（齿圈变形）。

（2）检查液压单元HCU

①顶起车子确认车轮可自由转动。
②放开手制动。
③连接故障诊断仪后将点火开关转到“ON”位置，此时不需要启动发动机。
④参照液压控制单元诊断进行检查。
注：连接或拆下故障诊断仪时，点火开关务必位于“OFF”位置。

情境二：ESP系统的检测与故障诊断

一、ESP系统的工作原理和组成

1. ESP系统的工作原理

ESP 是电子稳定程序（Electronic Stability Programme)的简称。当车辆行驶中出现险情，例如：一只动物突然闯入道路中，ESP系统能够帮助驾驶者避免车辆出现不稳定状态。但是，ESP提供的主动安全性是有限的，不能利用其进行冒险驾驶。

其次，电子稳定程序（ESP）用于在高速转弯或在湿滑路面上行驶时提供最佳的车辆稳定性和方向控制。电子控制单元（ECU）通过方向盘转角传感器确定驾驶员想要的行驶方向；通过车轮速度传感器和横向偏摆率传感器来计算车辆的实际行驶方向。当电子稳定程序检测到车辆行驶轨迹与驾驶员要求不符时，电子稳定程序将首先利用牵引力控制系统中的发动机扭矩减小功能并向发动机控制模块（ECM）发送一个串行数据通信信号，请求减小发动机扭矩。如果电子稳定程序仍然检测到车轮侧向滑移，则电子稳定程序将实行主动制动干预。

ESP系统的工作原理如图3-6所示。

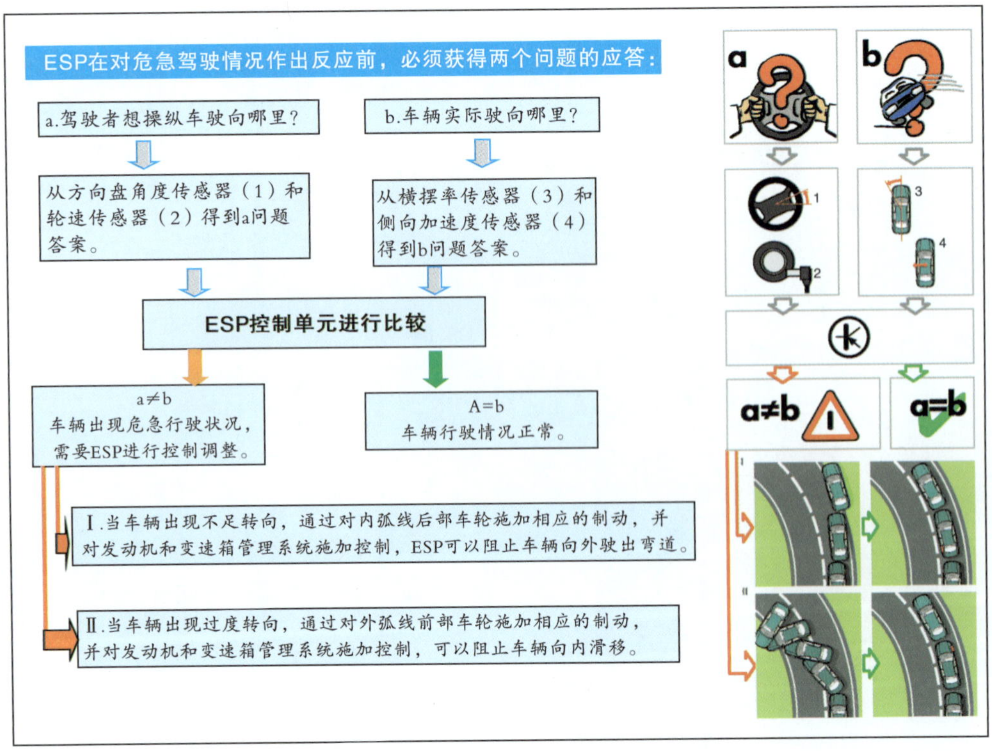

图3-6 ESP系统工作原理

2. ESP系统的组成

ESP系统是在原有防抱死制动系统（ABS）、电子制动力分配（EBD）和牵引力控制（TCS）的基础上发展起来的。如图3-7所示，该电子制动系统由电子控制单元（ECU）、液压调节器总成、车轮转速传感器、方向盘转角传感器、横向偏摆率传感器（一般整合了横摆角速度传感器和侧向加速度传感器）、车轮速度传感器脉冲环以及ESP控制开关等部件组成，其中电子控制单元与液压调节器是一体的。

目前，ESP的主要生产厂家有BOSCH、ITT等，奥迪A4、A6、A8、PASSAT、别克荣御（ROYAUM）等国产中挡、高挡车都装备了BOSCH ESP，别克荣御（ROYAUM）装用了高版本的BOSCH ESP 8.0。以下是别克荣御电子制动系统组成。

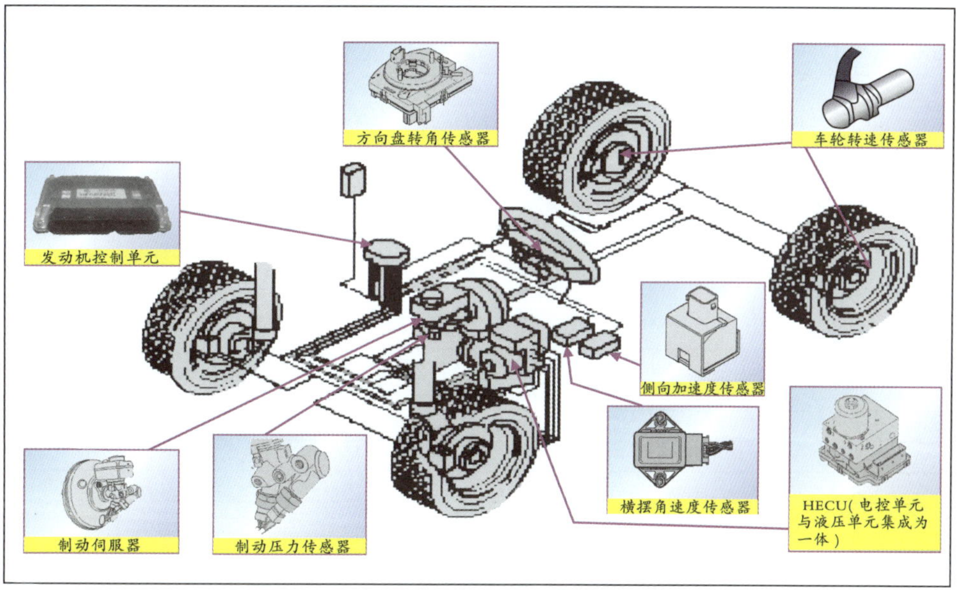

图3-7 ESP系统的组成

（1）电子控制单元（ECU）

电子控制单元如图3-8所示，其插头端子视图见图3-9，各端子的作用见表3-9。电子控制单元是ABS-TCS/ESP系统的控制中心，它与液压调节器集成在一起组成一个总成。电子控制单元持续监测并判断的输入信号有蓄电池电压、车轮速度、方向盘转角、横向偏摆率以及点火开关接通、停车灯开关、串行数据通信电路等信号。根据所接收的输入信号，电子控制单元将向液压调节器、发动机控制模块、组合仪表和串行数据通信电路等发送输出控制信号。

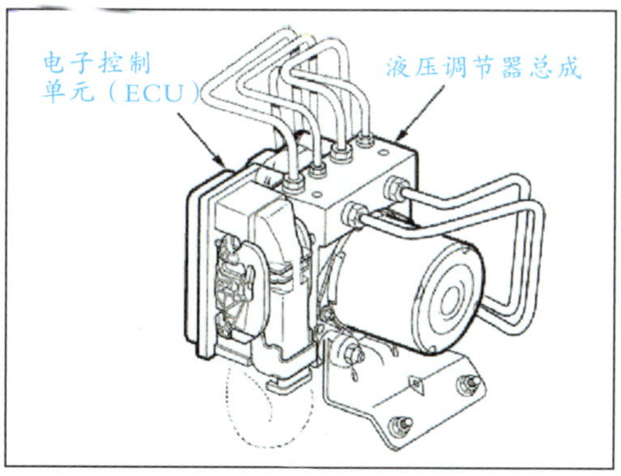

图3-8 电子控制单元（ECU）

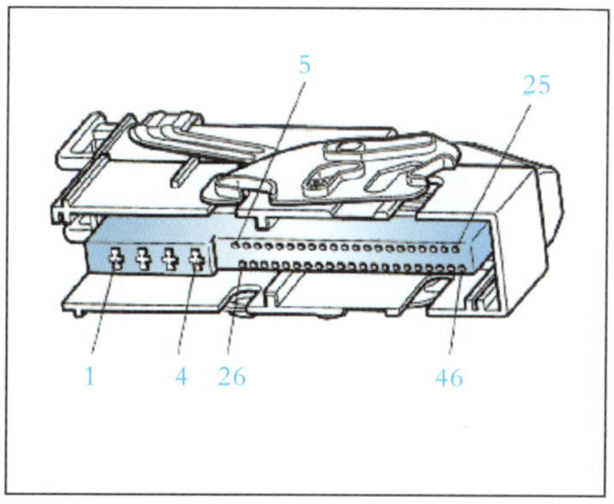

图3-9 电子控制单元（ECU）插头端子视图

表3-9 电子控制单元（ECU）各端子的作用

端子	功用	电路编号
1	继电器、阀和泵电机主接地	350
2	12V连续供电电压——保险丝103	542
3	12V连续供电电压——保险丝36	1440
4	接地——电子控制单元接地	1502
5	左前轮速传感器——信号	830
6	未用	–
7	左后轮速速度信号——信号	884
8	右后轮速速度信号——低参考信号	883
9	左前轮速速度信号——低参考信号	883
10	右前轮速速度信号——信号	872
11	防抱死制动系统诊断启用	799
12	未用	–
13	未用	–
14	CAN高1	2500
15	横向偏摆率传感器——接地	5353
16	横向偏摆率传感器——信号	716
17	组合仪表——制动电路	1134
18	横向偏摆率传感器——5V参考电压	1337
19	未用	–
20	加速度传感器——信号	2086
21-24	未用	–
25	CAN 低2	2501
26	左前轮速度传感器——低参考电压	873
27	左后轮速度传感器——低参考电压	885
28	12V点火供电电压——保险丝27	839
29	右后轮速传感器——信号	882
30	停车灯开关——12V信号	20
31-34	未用	–
35	CAN 低1	2501
36	未用	–
37	横向偏摆率传感器——自检	1338
38-44	未用	–
45	CAN高2	2500
46	未用	–

当点火开关接通时，电子控制单元会不断进行自检，以检测并查明ABS-TCS/ESP系统的故障。此外，电子控制单元还在每个点火循环都执行自检初始化程序。当车速约15 km/h时，初始化程序即启动。在执行初始化程序时，可能会听到或感觉到程序正在运行，这属于系统的正常操作。在执行初始化程序的过程中，电子控制单元将向液压调节器发送一个控制信号，循环操作各个电磁阀并运行泵电机，以检查各部件是否正常工作。如果泵或任何电磁阀不能正常工作，电子控制单元会设置一个故障诊断码。当车速超过15 km/h时，电子控制单元会将输入和输出逻辑序列信号与电子控制单元中所存储的正常工作参数进行比较，以此来不断监测ABS-TCS/ESP系统。如果有任何输入或输出信号超出正常工作参数范围，则电子控制单元将设置故障诊断码。

（2）液压调节器总成

为了能独立控制各车轮的制动回路，系统采用了前/后分离的4通道回路结构，每个车轮的液压制动回路都是隔离的，这样当某个制动回路出现泄漏时仍能继续制动。液压调节器总成根据电子控制单元（ECU）发送的控制信号调节制动液压力。液压调节器总成包括回程泵、电机、储能器、进口阀、出口阀、隔离阀和后启动阀等部件。

(3)前轮速度传感器

前轮速度传感器(图3-10)是一个电磁式传感器,是前轮轮毂总成的一部分,前轮轮毂总成是一个永久性的密封装置。左前轮和右前轮轮毂装有车轮速度传感器和一个48齿的磁脉冲环。

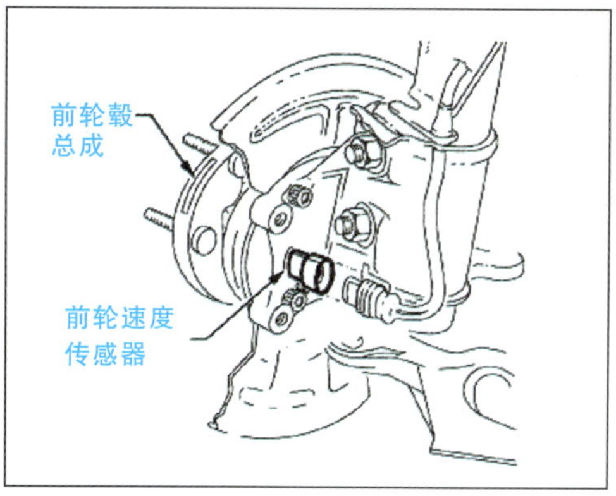

图3-10 前轮速度传感器

二、别克荣御ESP系统的检测与故障诊断

1. 自诊断

电子控制系统出现故障后,控制单元可记忆相应的故障码。用通用公司故障诊断仪TECH2可以读取、清除故障码,还可以阅读数据流并进行液压控制单元电磁阀测试、电子稳定控制系统液压回路测试、系统排气测试等。因TECH2为菜单提示操作,这些功能按TECH2屏幕的提示操作即可完成。在对ABS-TCS/ESP进行检修之前,应先排除常规制动系统故障。

2. 制动器排气程序

在执行ABS/TCS/ESP制动器排气程序之前,必须完成常规的制动系统排气程序。具体步骤是:

(1)连接Tech2,启动发动机并怠速运行。

(2)执行“Tech2制动器排气程序”中所列的指示注意:在执行该程序期间,确保制动总泵中的制动液液位不低于最低液位。

(3)关闭点火开关,并从数据链路连接器(DLC)上断开Tech2。

(4)用规定的制动液加注制动总泵储液罐至最高液位。

(5)执行另一个常规制动系统制动器排气操作。

(6)关闭点火开关,踩下制动踏板3~5次,以耗尽制动助力器的真空储备压力。

(7)缓慢踩下制动踏板,如果感觉制动踏板绵软,重复ABS-TCS/ESP制动器排气操作。

(8)重复ABS/TCS/ESP排气操作后,如果仍然感觉制动踏板绵软,检查制动系统是否存在外部或内部泄漏。

(9)保持发动机熄火并且不使用驻车制动器,然后接通点火开关,如果驻车制动器/制动器故障指示灯保持启亮,先诊断并排除故障。

(10)路试车辆,执行ABS/TCS/ESP自检初始化程序,如果感觉制动踏板绵软,重复ABS-TCS/ESP制动器排气操作,直到感觉踩制动踏板坚实为止。

(11)检查ABS/TCS/ESP系统的操作。

3. 方向盘转角传感器的校准

电子控制单元监测并判断方向盘转角传感器的输出信号,当车辆沿直线行驶了15min或以上时,电子控制单元会将该行驶方向设定为正前方向。如果电子控制单元检测到方向盘转角传感器角向偏离正前方向,如果偏离度等于或小于15°,则电子控制单元自动执行方向盘转角传感器校准。如果偏离度大于15°,则设置DTCC0460“方向盘转角传感器故障”。方向盘转角传感器可使用Tech2重新校准,具体操作步骤是：

（1）路试车辆并记录车辆笔直向前行驶时的方向盘位置。

（2）将Tech2连接到车辆上，并执行“Tech2方向盘转角传感器校准程序”中的指示。

（3）检查ABS-TCS/ESP系统的操作。

4. 电子控制单元和液压总成的维修

电子控制单元和液压总成集成为一体，如图3-11所示，在保修期内，不要拆解电子控制单元和液压总成。

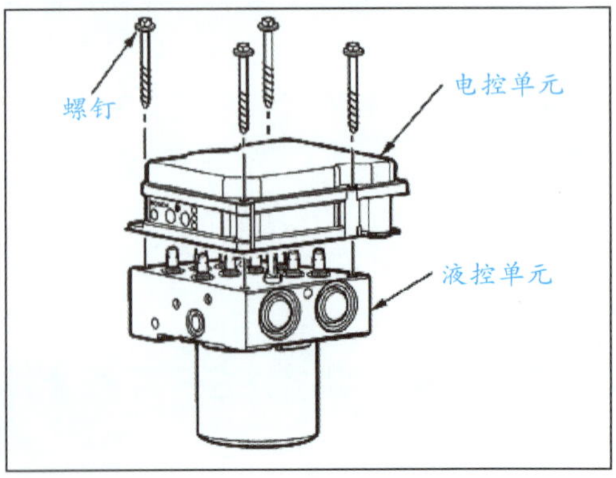

图3-11 电子控制单元和液压总成

5. 轮速传感器的检查

别克荣御4个车轮速度传感器均为电磁式传感器，传感器气隙不可调。检查轮速传感器时，可用万用表测量传感器阻值，也可用示波器测量传感器的输出波形。温度在20℃时，传感器的电阻正常值为1.3～1.8kΩ。

6. ESP开关的检查

ESP开关的端子视图及检查方法见图3-12，可使用万用表测量ESP开关端子间的电阻，以判断其好坏。

ESP 开关处于常态位置时，端子3-4 间应导通；端子3-5间开路。按下ESP开关时，端子3-4间开路；端子3-5间导通。端子2-6间是照明灯电阻。如果测量结果不在规格范围内，则更换ESP开关。

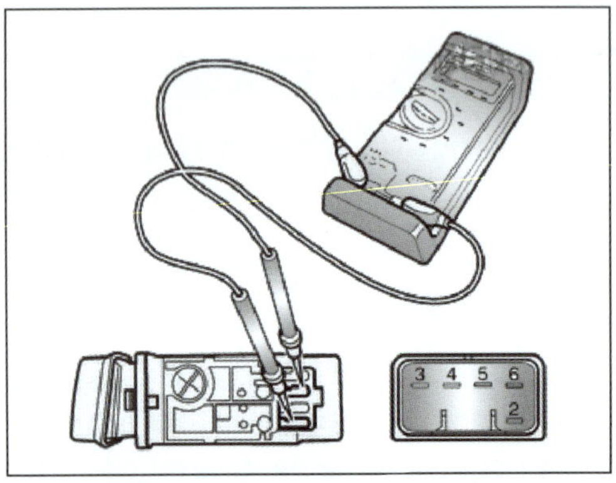

图3-12 ESP开关端子视图及检查方法

课题小结

1. ABS系统主要由ABS控制器（包括电子控制单元、液压单元、液压泵等）、车轮转速传感器、ABS故障警告灯、制动警告灯等组成。

2. ABS系统的故障诊断包括有故障码的故障诊断和无故障码的故障诊断。

3. ESP是电子稳定程序的简称。当车辆行驶中出现险情，ESP系统能够帮助驾驶者避免车辆出现不稳定状态。

4. ESP系统出现故障后，可以使用故障诊断仪读取、清除故障码，还可以阅读数据流并进行液压控制单元电磁阀测试、电子稳定控制系统液压回路测试、系统排气测试等。在对ABS-TCS/ESP进行检修之前，应先排除常规制动系统故障。

思考与练习

1. 简述ABS系统的组成与工作原理。
2. ABS系统和ESP系统有什么共同的联系？
3. 简述ESP系统的组成与工作原理。
4. ESP系统的检测与故障诊断包括哪些内容？

第四部分

电控悬架系统的检测与故障诊断

情境一：电控悬架系统概述

传统的汽车悬架主要由弹簧、减振器、稳定杆和弹性轮胎等组成，悬架的高度和弹性是不可调整的。电子控制悬架系统突破了传统悬架的局限性，通过控制调节悬架系统的弹簧刚度和减振器的阻尼力，使悬架的特性与道路状况和行驶状态相适应，保证汽车在行驶过程中获得良好的行驶平顺性和操纵稳定性。

一、电控悬架系统的分类与功用

汽车悬架的作用是缓和冲击、减少振动，并且把路面作用于车轮的各种力和力矩传递给车身。传统的悬架主要由弹簧、减振器和导向装置三部分组成。随着人们对乘车舒适性的要求不断提高，传统悬架系统弹簧刚度、减振器阻尼不能随路面状况和车速而调整的缺陷也变得越来越明显，传统悬架无法同时满足行驶平顺性和操纵稳定性的要求，只能根据车辆的功用选择一种最优折中。例如：轿车的悬架相对偏软，在平坦路面行驶时比较舒适，但高速行驶或在起伏路面行驶时，操纵稳定性变差，且悬架变形量较大；载货车的悬架较硬，满载行驶时车身振动较小，但空载或轻载时，高速行车振动较大，平顺性较差。

电控悬架的出现使得行驶平顺性和操纵稳定性的矛盾得到了解决，在车身电脑的控制下，弹簧刚度、减振器阻尼可以随着车速、载荷、路面状况以及汽车行驶条件而自动变化，满足了不同情况下对悬架的要求。

1. 电控悬架的分类

现代汽车电控悬架根据工作原理不同分为半主动悬架和主动悬架两大类。

半主动悬架可以根据路面激励和车身的响应对悬架阻尼参数进行自适应控制，使车身上的振动响应始终被控制在某个范围内。由于阻尼变化响应快，很像一个主动系统，因此称为半主动系统。但这种半主动式悬架在转向、启动、制动等工况下还不能对参数实施有效的控制，它比全主动式系统优越的地方是不需要外加能量系统。

半主动悬架根据阻尼是否能连续可调，分为有级半主动悬架和无级半主动悬架两种。

主动式悬架是一种具有做功能力的悬架，在悬架系统中附加一个可控制作用力的装置，因此需要一套提供能量的设备。主动式悬架可根据汽车载荷、路面状况（好坏路）、行驶速度（高低速）、启动、制动、转向等行驶条件的变化自动调整悬架的刚度、阻尼以及车身高能量消耗较大、成本较高、液压装置噪声较大。

主动悬架根据组成的不同又分为主动式空气弹簧悬架和主动式油气弹簧悬架两类。

2. 电控悬架的功用

汽车电控悬架根据类型不同，其功用也有所差别，但基本功用是一致的，即能根据路面状况和行车状况自动调整悬架阻尼参数，对悬架的响应进行控制，确保行驶平顺性和操纵稳定性。同时主动悬架还具有以下功用：

(1) 车身高度控制

悬架系统可以根据路面起伏、车速高低、载荷大小自动控制车身高度的变化，车身高度传感器有两种，如图4-1所示，它们可以传递车身高度信息。

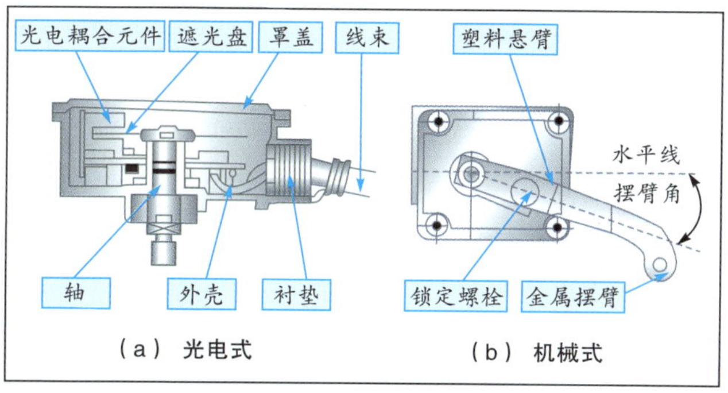

图4—1 车身高度传感器

(2) 车身姿态控制

悬架系统能根据汽车行驶状况自动调整弹簧刚度和减振器阻尼，以及前后悬架的匹配，控制车身姿态的变化，防止转弯、制动、加速等状况造成的车身姿态的改变。

二、电控悬架系统的组成和基本工作原理

虽然现代汽车电子控制悬架系统的控制功能和控制原理不尽相同，其结构形式也多种多样，但是它们的基本组成却是相同的，电子控制悬架系统主要由感知汽车运行状况的各种传感器、开关、电控单元以及执行机构等组成。传感器主要有车速传感器、加速度传感器、车身高度传感器、转向盘转角传感器、节气门位置传感器等。开关主要有模式选择开关、制动灯开关、停车开关和车门开关等。执行机构主要有可调阻尼力的减振器，可调弹簧高度和弹性大小的弹性元件等。

电子控制悬架的一般工作原理是，传感器和开关采集汽车行驶时路面的状况和车身的状态参数信号（车身高度、车速、转向角度及速率、制动等），电控单元对采集的信号进行处理，并通过驱动电路控制悬架系统的执行机构，使悬架系统的刚度、减振器的阻尼力及车身高度等参数得以改变，从而使汽车具有良好的乘坐舒适性和操纵稳定性。

情境二：典型电控悬架系统的检测与故障诊断

一、LS400轿车电控悬架系统的基本组成

电控悬架（EMS）系统能够根据汽车的瞬时驾驶条件自动调节悬架组件的性能，即通过各种传感器对汽车的运行状况进行检测，当ECU收到传感器检测到的转向和制动状况信号后，能自适应地处理车辆的侧倾、前后仰，并自动调整减振器阻尼力的控制系统。丰田雷克萨斯（凌志）LS400UCF10系列轿车装备了电控悬架系统（图4-2所示），**该系统主要由车身高度传感器、主节气门位置传感器、转向传感器、高度控制压缩机、排气阀、干燥器、1号高度控制阀、2号高度控制阀、前悬架控制执行器、后悬架控制执行器、1号高度控制继电器、2号高度控制继电器、悬架系统ECU、停车灯开关、LRC开关、高度控制开关、高度控制ON/OFF开关、车速传感器以及IC调节器等组成。**

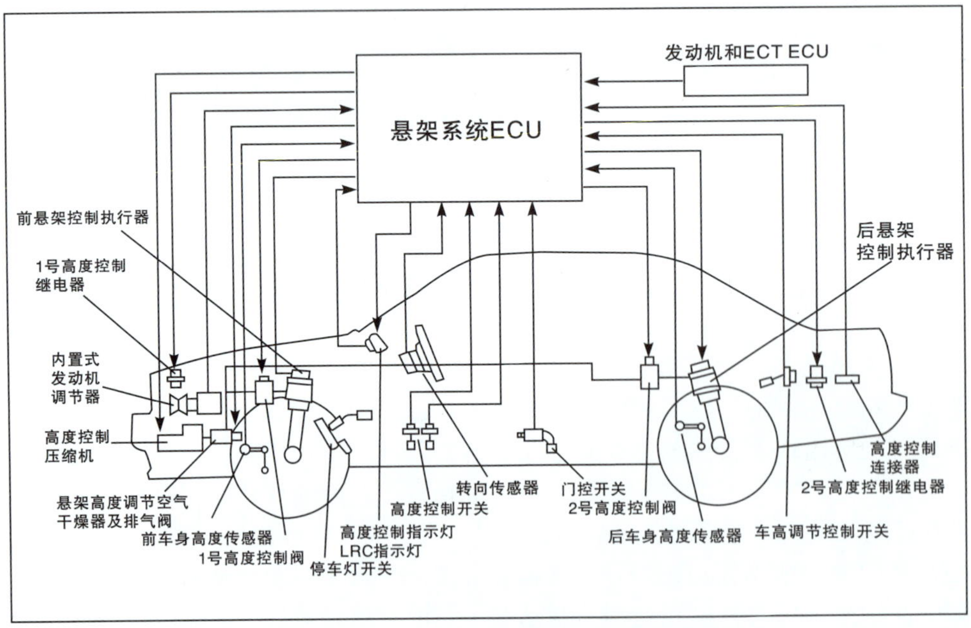

图4-2 LS400轿车EMS系统的元件位置图

LRC开关（LEXUS驾驶开关）的作用是控制悬架执行器的工作，对减振器的减振力和气压缸的弹簧刚度进行自动控制。LRC开关拨到SPORT侧时接通，系统进入高速行驶自动控制状态；LRC开关拨到NORM侧时断开，系统进入常规自动控制状态。

当高度控制ON/OFF开关在ON位置时，该电路接通，电控悬架系统可以对车身高度进行自动控制；当高度控制ON/OFF开关在OFF位置时，电路断开，电控悬架系统不进行车身高度控制。高度控制开关拨到NORM侧时断开，拨到HIGH侧时接通。悬架系统ECU检测到高度控制开关的状态后，则相应地使车辆升高或降低。LS400轿车EMS系统的控制电路如图4-3所示。

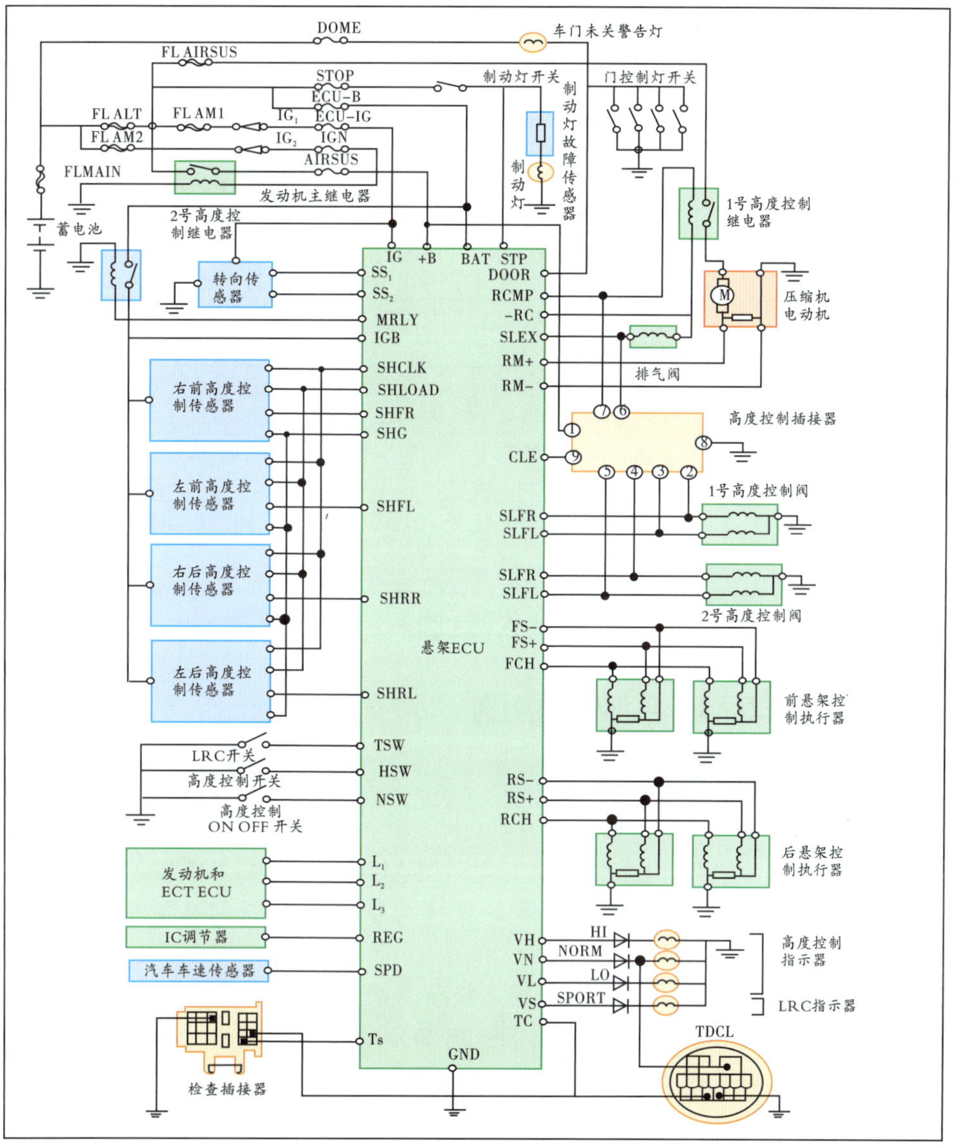

图4-3 LEXUS LS400悬架系统线路

二、LS400轿车EMS系统的控制功能

LS400轿车电控悬架系统主要有车身高度控制、悬架刚度控制和减振器减振力控制三项控制功能。电控悬架系统中储存有起弹簧作用的压缩空气，即空气弹簧。空气弹簧的刚度和车辆高度由控制系统根据车辆的行驶状态进行自动调整，减振器的减振力也由控制系统进行控制，以抑制车辆倾斜、制动时前部点头以及高速行驶中后部下坐等车辆姿态变化。

LS400轿车EMS系统的具体控制项目见表4-1。

表4-1 LS400轿车EMS系统的控制项目表

控制项目		功能
弹簧刚度和减振力控制	防侧滑控制	使空气弹簧变为“坚硬”状态，其目的是抑制车辆侧倾，使车辆姿态变化降到最低程度
	防栽头控制	使弹簧刚度和减振力变为“坚硬”状态，以抑制车辆制动时栽头
	防下坐控制	使弹簧刚度和减振力变为“坚硬”状态，以抑制车辆加速时发生后坐现象
	高车速控制	使弹簧刚度变为“坚硬”状态，使减振力变为“中等”状态，以改善车辆高速行驶时的稳定性
	不平路面控制	使弹簧刚度和减振力视需要变为“中等”或“坚硬”状态，以抑制车身在悬挂上下垂。改善车辆在不平路面上的舒适性
	颠动控制	使弹簧刚度和减振力视需要变为“中等”或“坚硬”状态，以抑制车辆在不平路面上的颠动
	跳振控制	使弹簧刚度和减振力视需要变为“中等”或“坚硬”状态，以抑制车辆在不平路面上的上下跳振
车辆高度控制	自动高度控制	在乘员和行李发生变化时，能保持车辆处于某一恒定的高度；操作高度控制开关，可使车辆目标高度变为“正常”或“高”的状态
	高车速控制	当高度控制开关处于HIGH位置时，车辆高度会降到NORM状态，以改善车辆高速行驶时的空气动力性和稳定性
	点火开关OFF控制	当点火开关断开后，因乘客质量和行李质量变化而使车身高度变得高于目标高度时，能使汽车高度自动降低到目标高度，以改善汽车驻车时的姿态

三、LS400轿车EMS系统的检测

1. 汽车高度调整功能的检查

在轮胎充气压力满足要求（LS400轿车配备的205/65Z R15或205/65 R15 94V轮胎，标准轮胎气压前轮为230kPa、后轮为250kPa）、汽车处于正常高度调整状态下，启动发动机，将高度控制开关从NORM位置转换到HIGH位置，检查完成高度调整所需的时间和汽车高度的变化量。从操作高度控制开关到压缩机启动所需时间约2s，从压缩机启动到完成高度调整所需时间为20～40s，汽车高度的变化量为10～30mm。在汽车处于HIGH高度调整状态下，启动发动机，将高度控制开关从HIGH位置转换到NORM位置，检查完成高度调整所需的时间和汽车高度的变化量。从操作高度控制开关到开始排气所需时间约2s，从开始排气到完成高度调整20～40s，汽车高度的变化量为10～30mm。若不满足，应做进一步检查，确定故障原因、故障部位，采取相应的维修办法。

2. 输入信号的检测

LS400轿车EMS系统输入信号的检查如表4-2所示。该检查的目的是检查来自转向传感器和停车灯开关的信号是否正常地输入ECU。闭合点火开关，将发动机室内的检查连接器端子TS与E1短接。如果将端子TS与E1连接后，储存在存储器中的诊断代码输出，就应进行维修；如果存储器中没有诊断代码输出，则要进行输入信号检查。输入信号检查的每个项目检查首先要按表4-2中规定的操作进行。观察发动机处于不同的状态下NORM指示灯的闪烁方式，正常情况是在发动机停机状态下，高度控制NORM指示灯以0.25s的间隔闪亮，并一直持续闪亮到发动机运转时为止。然后，按表4-2中规定的操作二进行操作，观察发动机处于不同的状态下NORM指示灯的闪烁方式，正常情况是在发动机停机状态下，高度控制NORM指示灯常亮。若满足要求，表明被检查系统信号正常地输入ECU。在进行上述各项检查时，减振力和弹簧刚度控制停止，并且减振力和弹簧刚度均固定在“坚硬”状态，汽车高度控制仍旧正常进行。

表4-2 LS400轿车EMS系统输入信号的检查

控制项目	操作一	发动机工作状态		操作二	发动机工作状态	
		停机	运转		停机	运转
转向传感器	转向直前	闪烁	常亮	转向角45° 以上	闪烁	常亮
停车灯开关	OFF（制动踏板不踩下）	闪烁	常亮	ON（制动踏板踩下）	闪烁	常亮
门控灯开关	OFF（所有车门关闭）	闪烁	常亮	ON（所有车门开启）	闪烁	常亮
节气门位置传感器	不踩加速踏板	闪烁	常亮	加速踏板全部踩下	闪烁	常亮
1号车速传感器	车速低于20km/h	闪烁	常亮	车速20km/h以上	闪烁	常亮
高度控制开关	NORM位置	闪烁	常亮	HIGH位置	闪烁	常亮
悬挂控制开关	NORM位置	闪烁	常亮	SPORT位置	闪烁	常亮
高度控制ON/OFF开关	ON位置	闪烁	常亮	OFF位置	闪烁	常亮

3. 溢流阀的检查

溢流阀的检查是通过迫使压缩机工作来检查溢流阀动作，其步骤为：

（1）闭合点火开关，短接高度控制连接器的端子1与7，迫使压缩机工作。

（2）等压缩机工作一段短时间后，检查溢流阀是否放空气。

（3）断开点火开关。

（4）清除诊断代码：当迫使压缩机工作时，ECU中会记录一个诊断代码。在完成检查后，务必将这个诊断代码清除。

4. 漏气检查

主要检查管子和软管的接头是否漏气，首先将高度控制开关拨到HIGH位置使汽车高度上升，然后使发动机停机，在管子和软管的接头处加肥皂水检查是否漏气。

5. 汽车高度调整

为了保证车高调节系统正常工作，必须进行汽车高度调整。首先将汽车停在水平地面上，检查汽车高度。若汽车的高度处在标准值范围以内，就不必进行汽车的高度调整，否则按下面步骤进行汽车的高度调整：

（1）拧松高度控制传感器连接杆上的两个锁紧螺母。

（2）转动高度控制传感器连接杆的螺栓以调节长度（高度控制传感器连接杆每一圈能使汽车高度改变大约4mm）。

（3）调整时要注意检查高度控制传感器连接杆的尺寸是否小于极限值。

（4）预紧两个锁紧螺母。

（5）再次检查汽车高度，直到车高达到标准值范围以内。

（6）按拧紧力矩要求拧紧锁紧螺母。

四、LS400轿车EMS系统的故障诊断

LS400轿车EMS系统的故障自诊断系统需要利用指示灯读取故障码，因此首先要进行指示灯检查。

1. 指示灯检查

（1）打开点火开关，HEIGHT照明灯一直点亮。

（2）检查悬架控制指示灯（带SPORT标志）和高度控制指示灯（带NORM或HI标志），应亮约2s。当把位于自动变速器（有的位于仪表板）上的悬架控制开关拨到SPORT侧时，悬架控制指示灯仍旧亮着。同样，当高度控制开关拨到NORM或HIGH侧时，相应的高度控制指示灯NORM或HI也点亮。

当高度控制NORM指示灯以每1s间隔闪亮时，表明ECU存储器中存有故障代码。悬架控制系统存在故障，应做进一步的检修。在指示灯检查过程中，如果出现表4-3中所示的故障，应进行相应电路的检查并进行故障排除。

表4-3 LS400轿车EMS系统故障指示灯检查

故障现象	电路检查
在点火开关接通后，SPORT、HI和NORM指示灯不亮	汽车高度控制电源电路指示灯电路
闭合点火开关后SPORT、HI和NORM指示灯亮2s，然后全部熄灭	悬挂控制执行器电源电路
有些指示灯SPORT、HI和NORM或HEIGHT、照明灯不亮	指示灯电路或HEIGHT照明灯电路
即使悬挂控制开关拨到NORM侧，SPORT指示灯仍旧亮着	悬挂控制开关电路
仍旧亮着的汽车高度指示灯与高度控制开关所选定的汽车高度不一致	高度控制开关电路

2. 诊断代码检查

（1）打开点火开关。

（2）短接诊断盒（TDCL）或检查连接器的端子TC和E1。

（3）通过观察高度控制NORM指示灯的闪烁规律，读取诊断代码。

（4）若没有诊断代码输出，应检查TC端子电路。若指示灯闪烁的时间间隔相等，表示悬架控制系统正常，自诊断系统未发现故障。

（5）检查完后，将端子TC和E1断开。

（6）诊断代码清除有两个方法：

①在断开点火开关的情况下，拆下接线盒中的ECU熔断丝10s以上。

②在断开点火开关的情况下，将高度控制连接器的端子9与端子8连接，同时使检查连接器的端子TS与E1连接，保持这一状态10s以上，然后闭合点火开关，并断开以上各端子。

（7）对故障部位进行检查与维修，再按读取代码的步骤检查一遍，如诊断代码消失，表明悬架控制系统正常，故障已经排除。

3. 根据故障现象进行检修

如果在进行诊断代码检查时显示一个正常代码而汽车电控悬架仍然出现（重复出现）故障，这时可根据故障现象进行每个故障的排除，按表4-4和表4-5给出的次序检修每个与故障现象有关的电路。如果相关电路没有任何不正常现象，故障却依然出现，最后一步就应该更换悬架系统ECU。

表4-4 LS400轿车EMS系统高度控制失效的故障排除步骤

故障现象	高度控制传感器电路	高度控制阀、排气阀电路	1号高度控制继电器电路	压缩机电动机电路	高度控制ON/OFF开关电路	车辆高度控制电源电路	发电机电路	高度控制开关电路	车速传感器电路	门控灯开关	高度控制传感器连接杆	空气泄漏	汽缸压/减振器	悬挂系统ECU
高度控制指示灯亮灯位置不随高度控制开关的动作变化	4					3	2		1					5
车辆高度控制功能不起作用	5				4	2	1	3						6
只有高车速控制不起作用									1					2
汽车高度出现不规则变化	2											1		3
汽车高度控制有效，但汽车高度调整不均匀		1									2			
汽车高度控制有效，但在NORM状态时，高度与标准不符											1			
调整高度时，车身处于很高或很低的位置	1													
当高度控制ON/OFF开关在OFF位置时，汽车高度控制仍起作用					1									
点火开关OFF控制不起作用						2				1				3
即使在车门打开时，点火开关OFF控制仍起作用										1				2
汽车驻车时高度过低												1	2	
压缩机电动机运转不停			2	3								1		4

注：表中数字代表检修顺序。

表4-5 LS400轿车EMS系统减振器与弹簧控制失效的故障排除步骤

故障现象	汽缸压/减振器	悬挂控制执行器电路	悬挂控制执行器电源电路	悬挂控制开关电路	制动灯开关电路	转向传感器电路	节气门位置信号电路	车速传感器电路	TC引脚电路	TS引脚电路	悬挂系统ECU
操作悬挂控制开关时，指示灯状态不变				1							2
减振力和弹簧刚度控制几乎不起作用	5	1	6	4					2	3	7
只有防侧倾控制不起作用						1					2
只有防下坐控制不起作用							1				2
只有防裁头控制不起作用					1			2			3
只有高车速控制不起作用								1			2

注：表中数字代表检修顺序。

课题小结

电控悬架系统能对减振器的阻尼力、弹性元件刚度、车身高度和姿势进行控制，从而极大地改善了车辆的乘坐舒适性和操纵稳定性。本章介绍了电控悬架系统的基本功能、结构和工作原理，并介绍了典型电控悬架的电路和故障检测方法。

思考与练习

1. 电控悬架系统有什么作用？
2. 电控悬架系统的基本工作原理是怎样的？
3. 典型的汽车电控悬架系统由哪些部分组成？
4. 怎样检测典型的汽车电控悬架系统？

第五部分

电控助力转向控制系统的检测与诊断

情境一：电控液压助力转向系统的检测与诊断

一、电控液压助力转向系统的结构与工作原理

电控液压助力转向系统是在传统液压助力转向系统的基础上增加了电控装置而构成的。按其结构和控制方式不同又分为流量控制式、反力控制式和阀灵敏度控制式三种。以下主要以日产蓝鸟轿车流量式电控助力转向系统为例进行介绍。

1. 电控装置的组成与工作原理

如图5-1所示，流量式电控助力转向系统的主要电控装置有旁通流量控制阀、车速传感器、转向盘转角传感器、电控单元和控制开关等。在转向液压泵与转向器之间设有旁通管路，在旁通管路中设有旁通油量控制阀。电控单元根据车速传感器、控制开关和转向角度传感器输入的信号控制旁通流量控制阀的开度，改变旁通管路中的液压油流量，从而调整流向转向器的液压油量，改变转向助力的大小。

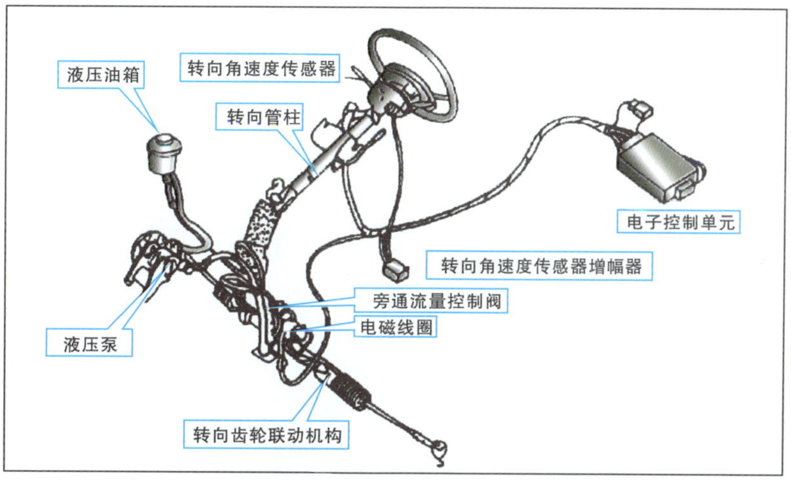

图5-1 蓝鸟轿车电控助力转向系统

2.旁通流量控制阀的结构与工作原理

如图5-2所示，旁通流量控制阀在阀体内装有主滑阀和稳压滑阀，在主滑阀的右端与电磁线圈柱塞连接，主滑阀与电磁线圈的推力成正比移动，从而改变主滑阀左端流量主孔的开口面积。调整调节螺钉可以调节旁通流量的大小。稳压滑阀的作用是保持流量主孔前后压差的稳定，以使旁通流量与流量主孔的开口面积成正比。当因转向负荷变化而使流量主孔前后压差偏离设定值时，稳压滑阀阀心将在其左侧弹簧张力和右侧高压油压力的作用下发生滑移。如果压差大于设定值，则阀心左移，使节流孔开口面积减小，流入阀内的液压油量减少，前后压差减小；如果压差小于设定值，则阀心右移，使节流孔开口面积增大，流入阀内的液压油量增多，前后压差增大。流量主孔前后压差的稳定保证了旁通流量的大小只与主滑阀控制的流量主孔的开口面积有关。

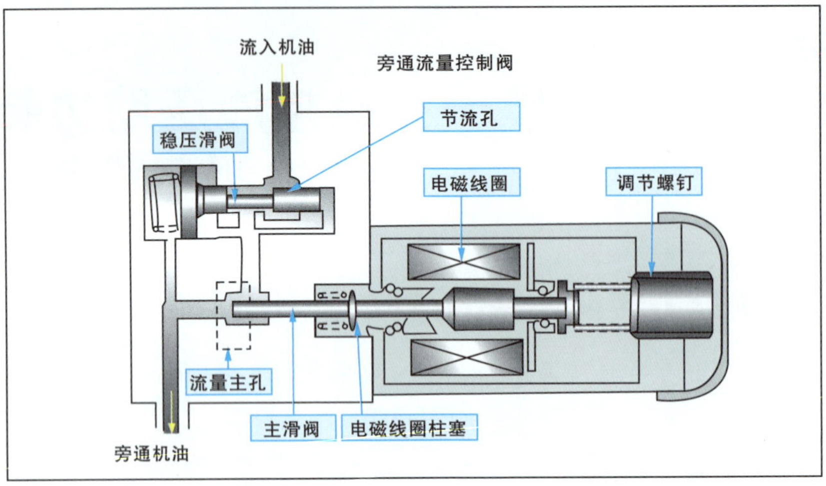

图5-2　旁通流量控制阀的工作原理

二、电控液压助力转向系统的检测与故障诊断

1.故障的检修

(1)系统的组成

以广州本田雅阁轿车为例，其转向系统属于电子控制液压式助力转向系统。对于2.0L和2.4L车型，其电子控制液压式助力转向系统的基本组成见图5-3。对于3.0L车型，其电子控制液压式助力转向系统的基本组成见图5-4。

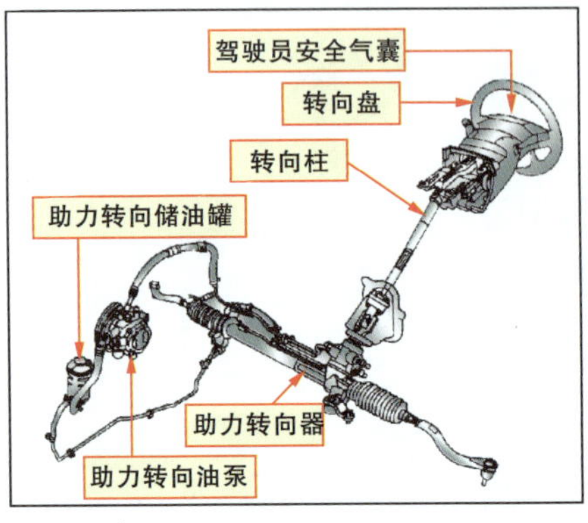

图5-3　雅阁2.0L和2.4L车型的助力转向系统组成

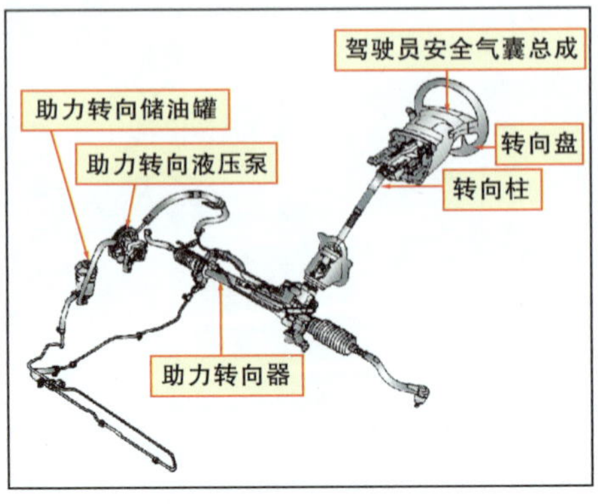

图5-4　雅阁3.0L车型的助力转向系统组成

（2）故障症状和检修索引

从表5-1中“症状”一栏找出故障症状的类型，按表中“程序”一栏所列出的顺序进行相关内容的检查，直至查出故障原因。

表5-1 广州本田雅阁轿车电子控制液压式助力转向系统故障症状和检修索引

症状	程序	其他检查项目
转向困难	见转向困难检修	①改变的悬架 ②损坏的悬架 ③轮胎尺寸、轮胎变化、气压
高速时转向过轻	检查齿条导承的调整	前轮定位
车轮抱死时发抖或振动	①检查齿条导承的调整 ②检查传动带是否打滑 ③对助力转向器进行大修 ④检查助力转向泵油压	
转向盘回位不顺畅	①检查油缸管路是否变形 ②检查车轮定位 ③对助力转向器进行大修	
转向不均匀或不稳定	①检查齿条导承的调整 ②检查传动带 ③检查发动机怠速是过低还是异常 ④检查助力转向系统是否由于油位低而窜入空气，或油泵进口软管有空气泄漏 ⑤检查助力转向系统是否存在泄漏，致使助力转向油罐的油位低 ⑥对转向器进行大修	
转向较大时转向盘反转	①检查传动带 ②检查助力转向泵油压	
“嗡嗡”声	①出现噪声时检查： a. 如果在冷天时，发动机启动后，此噪声持续2～3min属正常现象 b. 如果汽车停止，转动转向盘时，听见此噪声也属正常现象，这是因油压脉动而产生的 ②检查高压软管是否碰到辅助车架或车身 ③检查自动变速器液力变矩器的噪声 ④检查助力转向油中是否有气泡	油泵压力
“喀哒”声（齿条喀哒）	①检查松动的转向部件（转向横拉杆和球头），必要时锁紧或更换 ②检查转向柱轴的摆动，如果转向柱摆动，则更换转向柱总成 ③检查齿条导承的调整 ④检查助力转向泵的带轮： a. 如果带轮松弛，则调紧 b. 如果油泵轴松动，则更换油泵	
“嘶嘶”声	①检查油位，如果油位低，则给储油罐注油，直至合适的水平，检查泄漏 ②检查储油罐是否泄漏 ③检查入口软管是否破裂，管夹是否松动，使空气进入系统的吸气端 ④检查助力转向泵轴油封是否泄漏	助力转向油中有空气
油泵噪声	①正常工作温度下，比较油泵的声音与其他同类车型油泵的声音有何不同（在冷天时，启动发动机后，油泵噪声持续2~3min是正常的） ②拆卸油泵，并检查是否磨损或损坏	①助力转向泵的压力 ②助力转向油中有空气
啸叫声	检查传动带	
转向机漏油	①阀体装置的顶部漏油：对阀体装置（SHOWA的转向器）进行大修 ②左护罩漏油：更换小齿轮轴上的阀门油封，更换转向器侧的缸头密封 ③右护罩漏油：更换右缸头密封 ④靠近转向球头下部螺栓的小齿轮轴漏油：对阀体装置进行大修 ⑤阀体装置(SHOWA转向器)上的转向减振器阀盖漏油：更换阀罩 ⑥油缸上的转向减振器阀接头A和B漏油，或插接器松动（TKS转向器）：更换油缸壳体	

续表

症 状	程 序	其他检查项目
管路漏油	①油缸管路的接合处漏油（连接螺母）：拧紧接合处，重新测试 ②油缸管路的损坏处漏油：更换油缸管路 ③泵的出口软管或回油管与阀体装置的接合处漏油（连接螺母）：拧紧接头，重新测试。如果仍有泄漏，必要时更换软管、管路或阀体装置	
油泵漏油	①前油封漏油：更换前油封 ②助力转向泵壳体漏油：更换泄漏的“O”形密封圈或密封件，必要时更换助力转向泵	
储油罐漏油	①油罐盖周围漏油：油位太高，将油液排放至合适油位。油内有空气：检查油泵入口处有无空气泄漏 ②油罐漏油：检查储油罐有无破损，必要时更换	
泵的入油软管漏油（高压）	①检查螺栓是否松动。如果螺栓已锁紧，更换接头形密封圈 ②下垂的接头处漏油：更换出油软管	
泵的入油软管漏油（低压）	检查软管是否破损、老化或安装不正确，必要时进行更换或修理	

（3）转向困难的检修

①检查助力，观察启动负载是否大于29N。如果是，转到下一检查步骤；如果不是，说明助力正常。

②怠速运转时，测量油泵在稳定状态下的油压，观察压力是否为1500kPa或更小。如果是，转到下一步骤；如果不是，转到步骤⑦。

③怠速运转时，测量油泵的释放压力，观察2.0L与2.4L车型的压力是否为7160～7850kPa或更小，3.0L车型的压力是否为7940～8630kPa或更小。如果是，转到下一步骤；如果不是，为泵总成故障。

④使用弹簧秤，测量左右两个方向的助力，观察两次测量值是否都小于2.9N。如果是，转到下一步骤；如果不是，转到步骤⑧。

⑤开启截止阀和压力表阀，测量转向盘完全转至左方或右方时的油压，观察2.0L与2.4L车型的压力是否为7160～7850kPa或更小，3.0L车型的压力是否为7940～8630kPa或更小。如果是，转到下一步骤；如果不是，说明转向器故障。

⑥调整齿条导承，然后重新进行测试，观察转向是否正常。如果正常，维修结束；如果不正常，为转向器故障。

⑦检查泵与转向器之间的供油和回油管路，观察管路是否堵塞和变形。如果是，维修或更换管路；如果不是，为阀体装置或泵故障。

⑧检查油缸管路，观察管路是否变形。如果是，更换管路；如果不是，转到下一步骤。

⑨检查齿条轴，观察齿条轴是否弯曲或齿条导承是否调整不当（太紧）。如果是，更换齿条轴或重新调整齿条导承；如果不是，为阀体装置故障。

2. 检查与测试

（1）转向盘转动游隙的检查与测试

①将前轮旋转至正前方位置。

②如图5-5所示，保持前轮不动，测量转向盘左右转动的最大距离。

a.如果游隙在极限范围内，则转向器和连杆正常。

b.如果游隙超出极限范围，则调整齿条导承。如果齿条导承调整后，游隙仍然超出极限范围，则检查转向连杆和转向器。

（2）助力系统的检查与测试

①检查助力转向油的油位。

②启动发动机，让其怠速运转。将转向盘从一个止点转到另一个止点，来回转动几次，以便将油液加热。

③将汽车停在干净、干燥的路面上，如图5-6所示，在转向盘上挂一个市面上可以购买到的弹簧秤，让发动机怠速运转，读出轮胎开始旋转时的数据。初始转向负荷：29N。

a.如果弹簧秤读数没有超出技术要求，则转向器和油泵正常。

b.如果弹簧秤读数超出技术要求，则对转向系统进行故障检修。

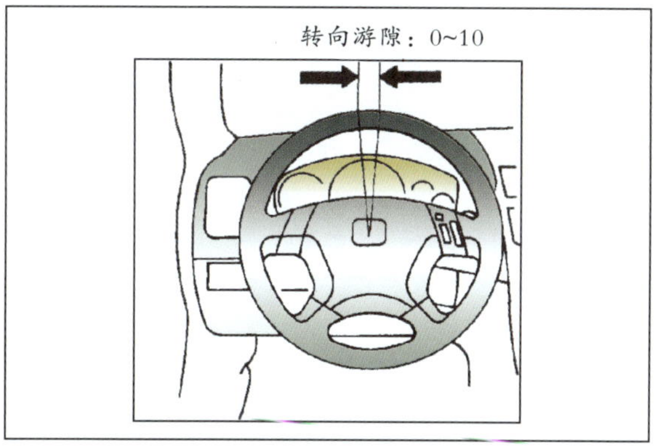

图5-5 转向盘转动游隙的检查

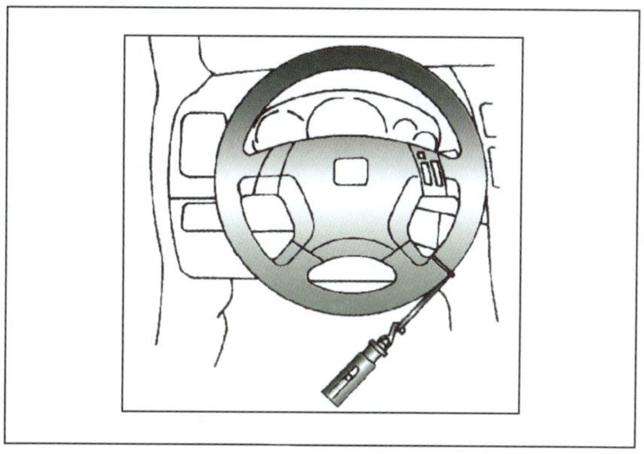

图5-6 助力系统的检测

（3）油泵压力的检查与测试

①2.0L和2.4L车型

所需专用工具：

a.P/S接头适配器（泵）07ZAK-S7C0101。

b.P/S接头适配器（软管）07ZAK—S7C0200。

测试步骤：

按照下述步骤检查油压，确定是油泵故障还是转向器故障。

a.检查助力转向油的油位。

b.如图5-7所示，将油泵出口软管从油泵出口处断开，小心不要使助力转向油溅到车架和其他零件上，将P/S接头适配器（泵）安装在油泵的出口上。

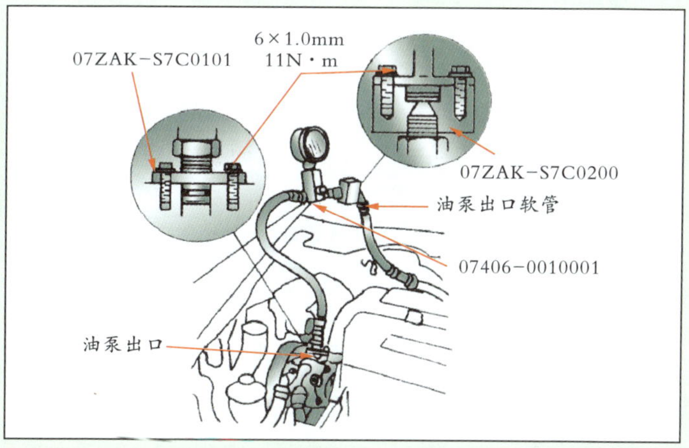

图5-7 油泵压力的测试

c.将P/S接头适配器（软管）连接到P/S压力表上，然后，将油泵出口软管连接到P/S接头适配器（软管）上。

d.将P/S压力表安装到P/S接头适配器（泵）上。

e.如图5-8所示，将截止阀完全打开。

f.将压力控制阀完全打开。

g.启动发动机，让其怠速运转。

h.将转向盘从一个止点转到另一个止点，来回转动几次，使油液加热到工作温度70℃。

i.发动机怠速运转时，测量稳定状态下的油压。如果油泵状态良好，则压力应不大于1500kPa。如果压力过大，则检查出口软管或阀体装置。

将发动机转速升高到3000r/min，然后测量油压。如果油压状态良好，则压力至少应为1500kPa。如果压力太高，维修或更换油泵。

j.降低发动机转速，让其怠速运转。关闭截止阀，然后逐渐关闭压力控制阀，直到压力表的指针稳定为止，读取压力值。

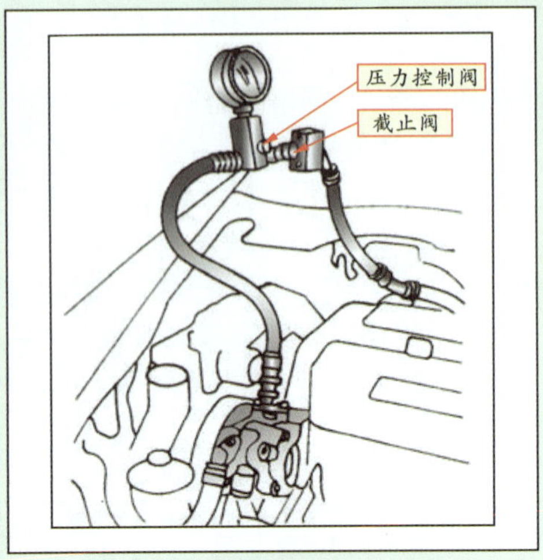

图5-8 打开截止阀和压力控制阀

注意：截止阀的关闭时间不要超过5s，否则油泵会因过热而损坏。

立即将压力控制阀完全打开。如果油泵状态良好，则压力表读数应至少为7160～7850kPa。若读数偏低，说明对全助力而言，油泵输出压力太低，应维修或更换油泵。

②3.0L车型

所需专用工具：

a.P/S接头适配器（泵）07RAK-S040111。

b.P/S接头适配（软管）07RAK-S040122。

c.P/S压力表07406-0010001。

测试步骤：

按下述步骤检查压力油，确定是油泵故障还是转向器故障。

a.检查助力转向油的油位。

b.如图5-9所示，将油泵出口软管从油泵出口处断开，小心不要使助力转向油溅到车架和其他零件上，将P/S接头适配器（泵）安装在油泵的出口上。

c.将P/S接头适配器（软管）连接到P/S压力表上，然后，将油泵出口软管连接到P/S接头适配器（软管）上。

d.将P/S压力表安装到P/S接头适配器（泵）上。

e.将截止阀完全打开（图5-8）。

f.将压力控制阀完全打开（图5-8）。

g.启动发动机，让其怠速运转。

h.将转向盘从一个止点转到另一个止点，来回转动几次，使油液加热到工作温度70℃。

i.发动机怠速运转时，测量稳定状态下的油压。

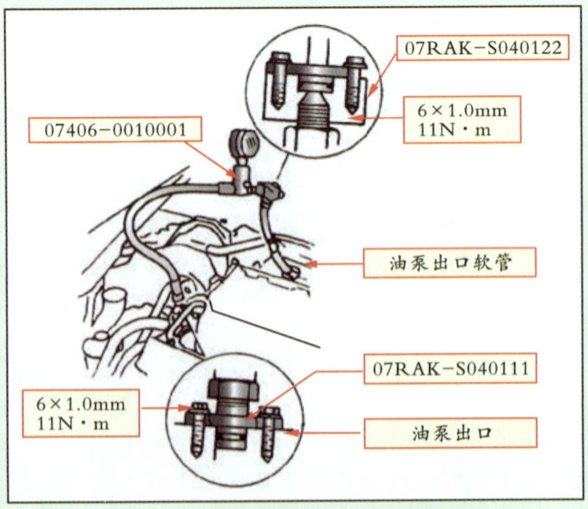

图5-9 3.0L车型油泵压力的测试

如果油泵状态良好，则压力应不大于1500kPa。如果压力过大，则检查出口软管或阀体装置。

j.关闭截止阀，然后逐渐关闭压力控制阀，直到压力表的指针稳定为止，并读取压力值。

注意：压力控制阀的关闭时间不要超过5s，否则油泵会因过热而损坏。

情境二：电动转向助力系统的检测与诊断

一、电动转向助力系统的组成与工作原理

1. 电动转向助力系统的组成

电动转向助力系统（EPS），是电子技术在汽车上的推广应用，也是中小型乘用车助力转向技术的发展方向。电动转向助力系统的ECU根据扭矩传感器的扭矩及转向信号和车速信号调节电动机的转向助力扭矩。如图5-10所示，电控电动转向助力系统由装在转向器输入端的扭矩传感器、电磁离合器、电动机及变速器（减速机构）、控制单元（EPS/ECU）等元件组成。

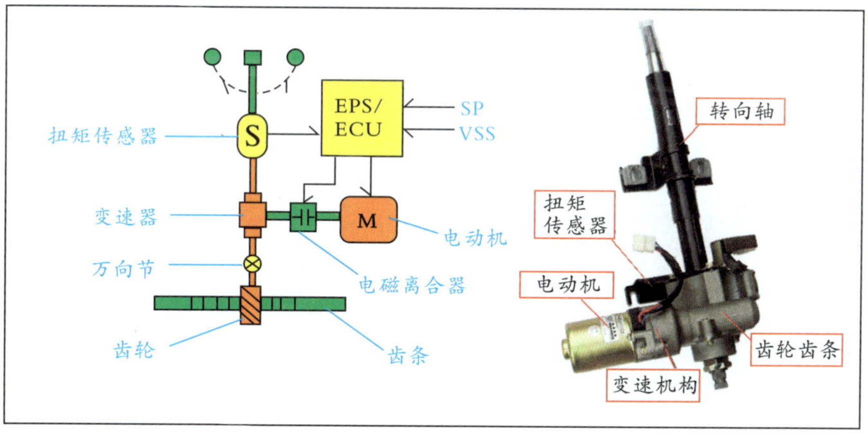

图5-10　电动转向助力系统的组成

（1）扭矩传感器

扭矩传感器的作用是检测作用在转向盘上的扭矩大小和方向，把不同的电压信号传送给电脑EPS/ECU。电动转向助力系统多采用光电式、磁电式、磁阻式三种结构。

（2）电磁离合器

电磁离合器的作用是当EPS系统发生故障时，离合器分离，转向助力变为普通手动转向。有的车型无电磁离合器（如本田飞度），在EPS/ECU中有失效保护断电功能，对电机停止供电，转为手控转向。

（3）直流电动机及减速机构

直流电动机的特点是：转矩大、调速范围宽，改变驱动电流的大小即可使其转速突变，在适当的时候提供转向助力转矩。电动机分直流有刷永磁电动机和直流无刷永磁电动机，前者可靠性差，但控制程序简单；后者可靠性高，但其控制程序复杂。

减速机构起减速、增扭作用，通常为涡轮涡杆式或行星齿轮式。两种减速机构如图5-11所示。

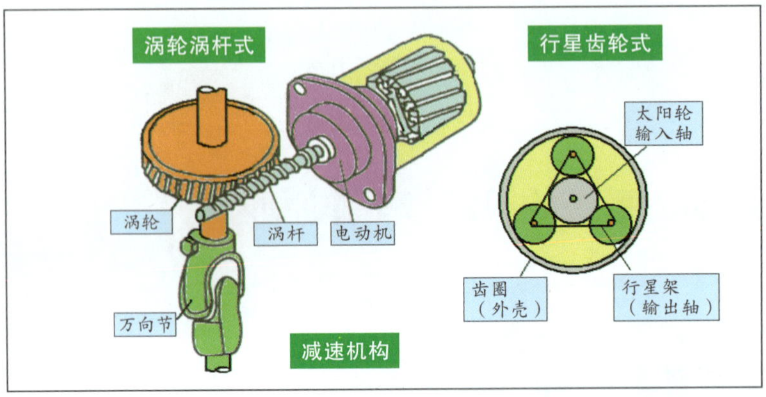

图5-11 两种减速机构

（4）电脑EPS/ECU

电动转向助力系统的控制单元接受扭矩传感器的信号，车速传感器信号VSS、发动机转速信号SP，经过分析编程处理，输出不同的电流值（图5-12）。通过助力电动机，随时根据驾驶员的意图提供转向动力。

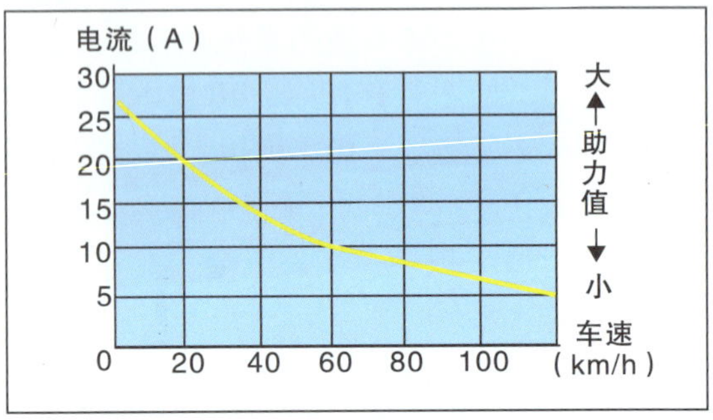

图5-12 控制电流与车速的关系

2. 电动转向助力系统的工作原理

电动转向助力系统的基本工作原理是：电脑EPS/ECU接受转向盘的转向转矩信号和车速信号VSS的高低及发动机转速信号的高低。判断发动机是否工作，以决定EPS系统是否投入工作，在发动机熄火情况下EPS系统停止工作。经过判断和处理后，根据事先存储器中确定好的助力特性，确定和输出助力扭矩电流的大小和方向（助力电机的正反转工作时间及工作频率）。低速时助力作用大，转向轻便；高速时减小助力，以提高路感和操纵稳定性（无发飘感）。

电动转向助力系统的控制原理

（1）不转向时，助力电动机不工作。

（2）当转向盘转动时，与转向轴相连的转矩传感器不断地测出作用于转向轴上的力矩，并将力矩转换为电信号，车速传感器产生车速信号，ECU根据这两个信号经过运算处理后，向离合器和电动机发出控制指令，即输出一个适合的电流，在离合器结合的同时，使电动机产生一个转矩，转矩经过减速机构减速增距后，施加在输出轴上，输出轴的下端与齿轮齿条转向器总成中的小齿轮相连，于是由电动机发出的转矩最后通过齿轮齿条转向器施加到汽车的转向机构上，使之得到一个与工况相适应的转向助力。

二、电动转向助力系统的检测与故障诊断

电子控制动力转向系统一般都具有故障自诊断功能，以监测、诊断系统的工作情况。

当系统出现故障时，电子控制单元将其故障信息以代码形式显示出来，以使维修人员快速、准确地判断出故障类型及故障部位。

下面以铃木奥拓轿车电动式EPS系统为例介绍电子控制动力转向系统的故障自诊断测试方法。

1. 警告灯的检查

当点火开关处于ON位时，EPS警告灯应点亮（图5-13），发动机启动后警告灯熄灭为正常。

警告灯不亮时，检查灯泡是否损坏，熔丝和导线是否断路。

若发动机启动后，警告灯仍亮时，首先应考虑该系统是否处于保险状态（只有常规转向工作，无电动助力），并通过其自诊断系统进行必要的检查。

图5-13 EPS警告灯点亮

2. 自诊断检查的操作

将万用表直流电压挡的正测试棒接在自诊断连接器（图5-14）的2号接线柱上，负测试棒接搭铁，接通点火开关ON挡，故障码即由小到大的顺序显示出来。故障码及其含义见表5-2。

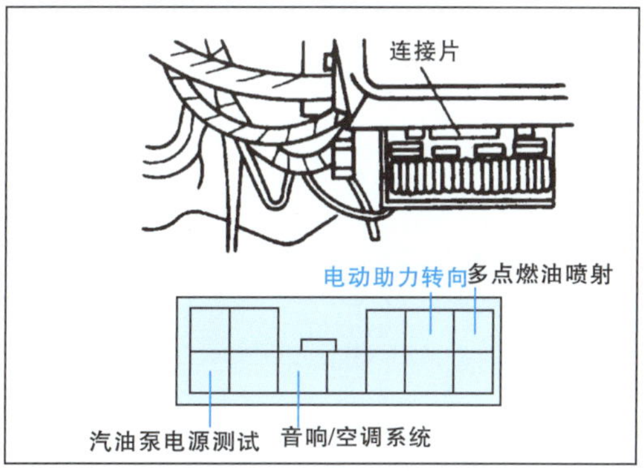

图5-14 自诊断连接器

表5-2 故障码表

故障码	输出图样	检查诊断项目	故障码	输出图样	检查诊断项目
0		正常	41		直流电动机
11		转矩传感器（主）	42		直流电动机电流
12		转矩传感器（副）	43		直流电动机过电流
13		转矩传感器（主、副侧电压差过大）	44		直流电动机锁止
21		车速传感器（主）	51		电磁离合器
22		车速传感器（主、副侧电压差过大）	54		ECPS控制装置
23		车速传感器（主）电压急减	55		转矩传感器E/F回路不良
31		交流发电机L端子	—		ECPS控制装置（ECU）不良

3. 扭矩传感器的检查

从转向机总成上拆下扭矩传感器及其连接器[图5-15(a)]，测定扭矩传感器主侧端子③与⑤之间和副侧端子⑧与⑩之间的电阻，其标准值应为（2.18±0.66）kΩ。

若不符合要求，则为扭矩传感器异常，应更换转向机总成。用万用表直流电压挡测量上述各端子之间的电压，来判定扭矩传感器是否良好。

检查时，转向盘应处于中间位置，电压约2.5V为良好，4.7V以上为断路，0.3V以下为短路。

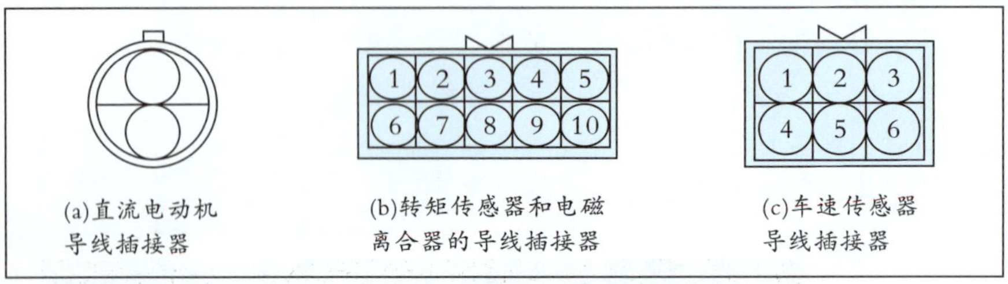

图5-15　EPS导线插接器

4. 电磁离合器的检查

从转向机上断开电磁离合器的导线插接器[图5-15（b）]，将蓄电池的正极接到电磁离合器端子①上，蓄电池的负极与端子⑥相接。

在接通与断开端子⑥的瞬间，离合器应有工作声音，若没有声音，表明电磁离合器有故障，应更换转向机总成。

5. 直流电动机的检查

从转向机上断开电动机的导线插接器[图5-15（a）]，给电动机加上蓄电池电压时，电动机应有转动声音。若没有声音，应更换转向机总成。

6. 车速传感器的检查

从变速器上拆下车速传感器，用手转动车速传感器的转子检查其能否顺利运转，若有卡滞则应予更换。

测定车速传感器导线插接器[图5-15（c）]的主侧端子①与②之间及副侧端子④与⑤之间的电阻值，其值等于（165±20）Ω为良好。

若与上述不符则必须更换车速传感器。

课题小结

1. 电控助力转向系统根据动力源的不同，分为液压式和电动式两种。

2. 电控液压助力转向系统根据车速传感器、控制开关和转向角度传感器输入的信号控制旁通流量控制阀的开度，改变旁通管路中的液压油流量，从而调整流向转向器的液压油量，改变转向助力的大小。

3. 电动转向助力ECU根据扭矩传感器的扭矩及转向信号和车速信号调节电动机的转向助力扭矩。

4. 电动转向助力系统出现故障时应先进行自诊断，然后根据诊断结果检查扭矩传感器、电磁离合器和车速传感器等装置。

思考与练习

1. 电控液压助力转向系统的主要装置有哪些?
2. 电控液压助力转向装置转向困难时应怎样检修?
3. 电动转向助力系统的主要装置有哪些?
4. 怎样通过EPS警告灯诊断电动转向助力系统的故障?

第六部分

空调控制系统的检测与诊断

情境一：空调系统的检测与诊断

汽车空调设备中，虽然装有必要的安全保护设备、报警设施以及自动控制系统，但因其在各种条件下运行的汽车上工作，加上工作环境恶劣，汽车空调还是容易出现问题，特别是汽车空调的制冷系统。制冷系统的故障一般靠直观检查或利用专用仪器检测。直观检查主要是通过“看、听、摸”进行基本检查；“测”主要是通过用歧管压力表等专用工具、专用设备进行测试诊断分析。

一、汽车空调故障诊断的常用方法

汽车空调故障检修是通过看（查看系统各设备的表面现象）、听（听系统运转声音）、摸（用手触摸设备各部位的温度）、测（利用歧管压力表、温度计、万用表、检测仪检测有关参数）等手段来进行的。同时还应向驾驶员仔细询问故障情况，判断是操作不当还是设备本身造成的故障。若属前者，则应向驾驶员详细介绍正确的操作方法；若属后者，就应按上述四个方面进行综合分析，找出故障所在，查出故障原因，然后再进行修理。看、听、摸、测的具体应用如下：

1. 看（现象）

用目视法观察整个空调系统。首先，查看干燥过滤器视液镜中制冷剂的流动状况，若流动的制冷剂中央有气泡，说明系统内制冷剂不足，应补充至适量。若视液窗呈透明，则表示制冷剂加注过量，应缓慢放出部分制冷剂。若流动的制冷剂呈雾状，且水分指示器呈淡红色，则说明制冷剂中含水量偏高，应缓慢放尽系统中的原有制冷剂，拆下干燥过滤器，将其置于110℃烘箱内，对干燥剂作干燥处理，排除水分后再用；其次，查看系统中各部件与管路连接是否可靠密封，是否有微量的泄漏。若有泄漏，在制冷剂泄漏的过程中常夹有冷冻油一起泄出，故在泄漏处有潮湿痕迹，并依稀可见黏附上的一些灰尘。再次，看冷凝器是否被杂物封住，散热翅片是否倾倒变形。若有此现象将影响流过冷凝器的冷却空气流量，导致冷凝器冷凝效果变差，使流经膨胀阀的制冷剂温度偏高，从而影响系统的制冷效果。这时应将冷凝器清扫干净，将变形的散热翅片修正。

2. 听（响声）

用耳朵聆听运转中的空调系统有无异常声音。首先，听压缩机电磁离合器有无发出刺耳噪声。若有噪声，则多为电磁离合器磁力线圈老化，通电后所产生的电磁力不足或离合器片磨损引起其间隙过大，造成离合器打滑而发出尖叫声。这时应重绕离合器磁力线圈或抽掉1～2片离合器调整垫片，减小离合器间隙，防止其打滑，以消除噪声；其次，听压缩机在运转中是否有液击声。若有此声，则多为系统内制冷剂过多或膨胀阀开度过大，导致制冷剂在未被完全汽化的情况下吸入压缩机。此现象对压缩机的危害很大。有可能损坏压缩机内部零件，应缓慢释放制冷剂至适量，或调整膨胀阀开度，及时加以排除。

3. 摸（温度）

在无温度计的情况下，可用手触摸空调系统各部件及连接管路的表面。触摸高压回路（压缩机出口—冷凝器—储液器—膨胀阀进口）应呈较热状态，若在某一部位特别热或进出口之间有明显温差，则说明此处有堵塞。触摸低压回路（膨胀阀出口—蒸发器—压缩机进口）应较冷。若压缩机高压、低压侧无明显温差，则说明系统存在泄漏或制冷剂不足的问题。

4. 测（数据）

通常看、听、摸这些方法只能发现不正常的现象，但要作出正确的结论，还要借助于有关仪表来进行测试，在具备数据资料的基础上，对各种现象做认真分析，才能找出故障所在，然后进行排除。

（1）用检漏仪检漏。用检漏仪检查整个系统各接头处是否泄漏。

（2）用万用表检查。用万用表可以检查出空调电路故障，判断出电路是断路还是短路。

（3）用温度计检查。用温度计可以判断出蒸发器、冷凝器、储液器的故障。正常工作时，蒸发器表面温度在不结霜的前提下越低越好；冷凝器入口管温度为70～90℃，出口管温度为50～65℃左右；储液器温度应为50℃左右，若储液筒上下温度不一致，说明储液器有堵塞。

（4）用压力表检查。将歧管压力计的高低压表分别接在压缩机的排气、吸气口的维修阀上，在空气温度为30～35℃和发动机转速为2000r/min时检查。将风机风速调至高挡，温度调至最冷挡，其正常状况是：高压端压力应为1.421～1.470MPa，低压端压力应为0.147～0.196MPa，若不在此范围，则说明系统有故障。

二、用歧管压力表进行故障诊断

使用歧管压力表测量高低压管路的压力状况可以判断故障产生的原因。在外界空气温度30～35℃，发动机转速1500～2000r/min，风扇速度开关在最大，温度调节开关在最强时，从歧管压力表上读取压力值，R134a空调系统歧管压力表的正常读数：低压侧为0.15～0.25MPa，高压侧为1.37～1.81MPa。R12空调系统歧管压力表的正常读数：低压侧为0.147～0.196MPa；高压侧为1.442～1.471MPa。

连接好歧管压力表后，读取高低压力表的显示值，如图6-1所示。

制冷系统的正常压力值如表6-1所示。

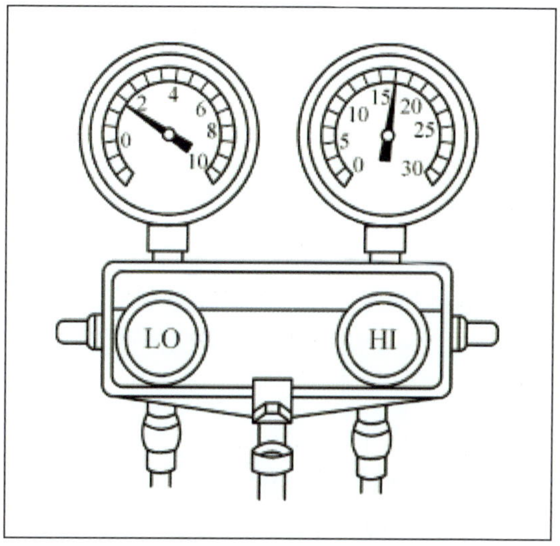

图6-1 高低压力表的显示

表6-1 制冷系统正常压力值

环境温度（℃）	发动机不运转时制冷循环压力(kPa)	发动机运转时制冷循环压力（kPa）	
		高压	低压
15	390	—	—
20	470	—	—
25	550	1050～1250	100～150
30	660	1350～1550	150～200
35	750	1450～1810	200～250
40	880	1850～2530	250～300
45	980	—	—

1. 高压表和低压表均较低

高压表和低压表显示值比正常值低，如图6-2所示。另外，从视液镜内看到有气泡，冷气不凉，高压管温热，低压管微冷，温差不大。

故障原因：制冷剂不足或有泄漏。

排除方法：

①用检漏仪寻找泄漏处，并予以修复。

②加注足够的制冷剂。

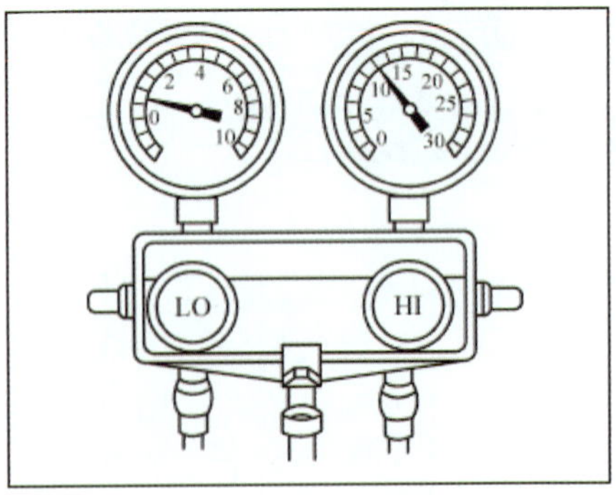

图6-2 高压表和低压表显示值比正常值低

2. 高压表和低压表压力均太高

高压表和低压表显示值比正常值高很多，如图6-3所示。另外，从视液镜偶尔可看见气泡，冷气不凉。

故障原因：制冷剂过多，制冷剂系统中有空气，冷凝器冷却不足。

排除方法：

（1）更换储液干燥器。

（2）充分抽真空，重新充注制冷剂。

（3）清洗或更换冷凝器，检查风扇电动机及其电路。

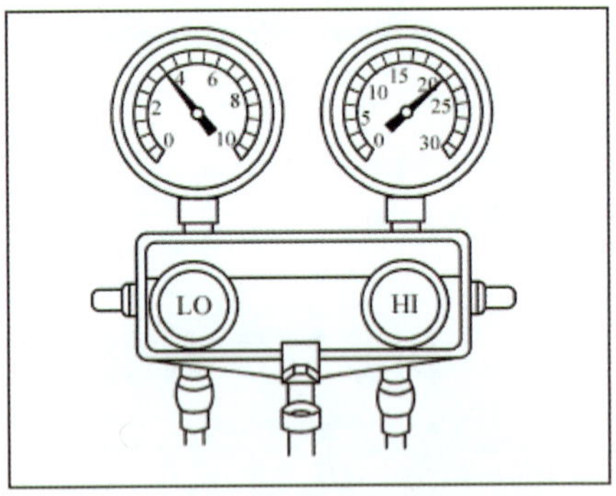

图6-3 高压表和低压表均太高

3. 低压表压力有时为负压（真空）

低压表压力显示值有时为负压（真空），有时正常，如图6-4 所示。另外系统间歇制冷或不制冷。

故障原因：制冷系统存在水分。

排除方法：

（1）更换储液干燥器。

（2）反复抽负压（真空）。

（3）充注制冷剂适量。

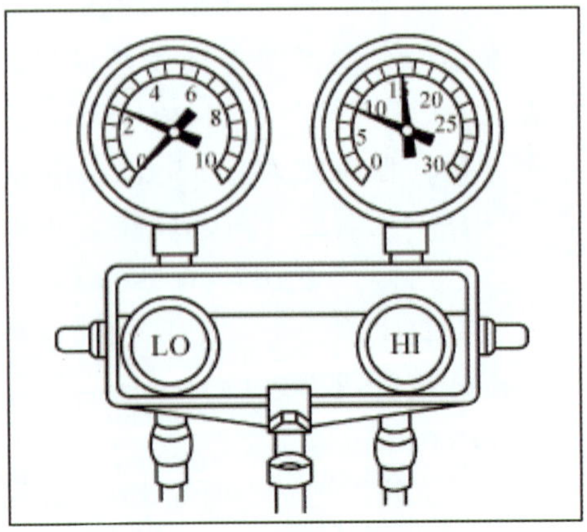

图6-4 低压表压力有时为负压

4. 低压表压力为负压（真空），高压表压力很低

低压表压力显示值为负压（真空），高压表压力显示值很低，如图6-5所示。另外，在储液干燥器或膨胀阀前后管路上结霜或有露水。系统不制冷或间歇制冷。

故障原因：制冷剂不循环。

排除方法：

（1）按制冷剂系统中存在水分处理。

（2）更换膨胀阀。

（3）更换储液干燥器。

（4）检查制冷剂是否被污染。

5. 低压表压力太高，高压表压力太低

系统不制冷，低压表压力显示值很高，高压表压力显示值很低，如图6-6所示。

故障原因：压缩机内部故障。

排除方法：更换损坏的零件或总成。

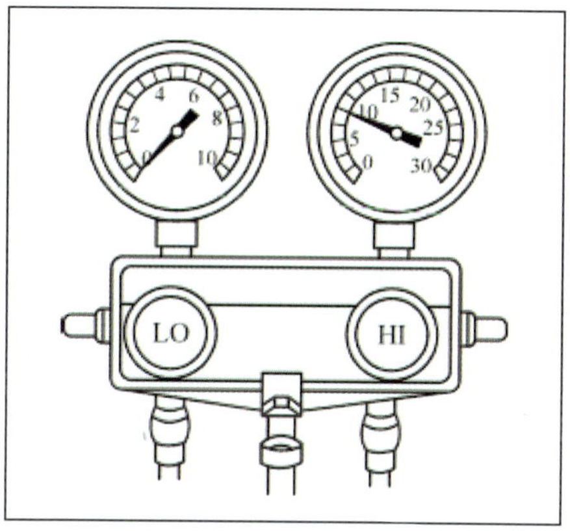

图6-5 低压表压力为负压，高压表压力很低

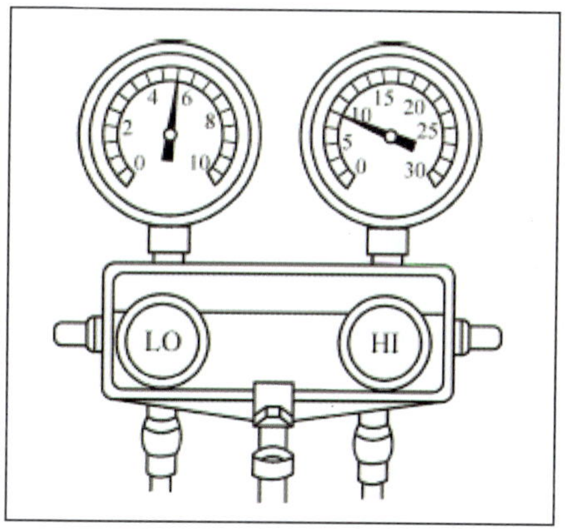

图6-6 低压表压力太高，高压表压力太低

6. 低压表压力太低，高压表压力太高

低压表压力显示值很低，高压表压力显示值很高，如图6-7所示。另外，冷凝器上部和高压管路温度高，而储液干燥器并不热。

故障原因：高压管路堵塞或被压扁。

排除方法：

（1）清洗或更换零件。

（2）检查冷冻机油是否被污染。

其他故障诊断与排除方法如表6-2所示。

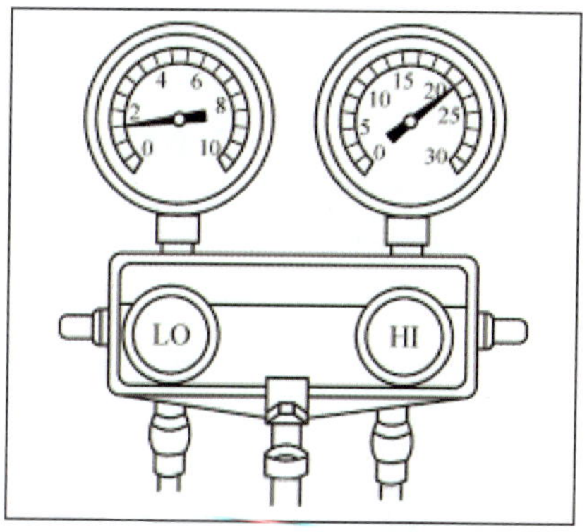

图6-7 低压表压力太低，高压表压力太高

表6-2 用歧管压力表进行故障诊断与排除

故障现象	状 况	可能的原因	诊 断	排除方法
继续制冷，然后不制冷 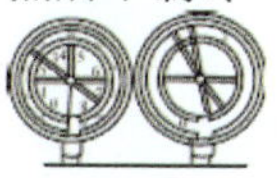	运行时低压端压力时而真空时而正常	进入制冷系统的水分在膨胀阀处冻结，使循环过程暂时停止，并在冻结融化后一段时间循环过程又恢复正常	①干燥瓶干燥剂处于饱和状态 ②制冷剂系统中的湿气在膨胀阀处冻结从而阻止制冷剂循环	①更换干燥瓶 ②反复抽真空，排出空气，以除去循环中的湿气 ③充入适量的新制冷剂

续表

故障现象	状 况	可能的原因	诊 断	排除方法
制冷不足 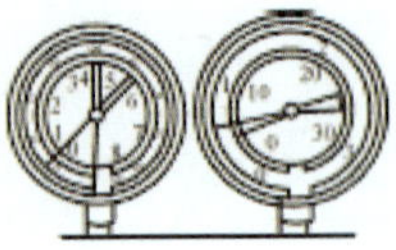	①高低压两端压力均偏低 ②在观察窗要可连续看到气泡 ③制冷不足	制冷系统漏气	①系统中制冷剂不足 ②制冷剂泄漏	①用检漏仪检测并修理 ②抽真空重新灌制冷剂
制冷不足 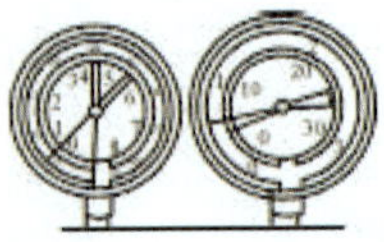	①高低压两端压力均偏低 ②储液罐至制冷装置之间的管路结霜	储液罐中的杂物阻碍制冷剂的流动	储液罐堵塞	①更换储液罐 ②抽真空重新灌制冷剂
不制冷或有时断续制冷 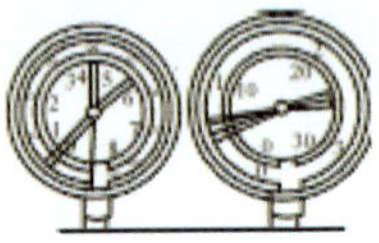	①低压端出现真空示值；高压端出现很低的压力示值 ②储液罐/干燥器或膨胀阀的前后管结霜或见到露珠	①系统中的湿气或杂物阻碍制冷剂的流动 ②膨胀阀热敏管漏气，妨碍制冷	制冷剂不循环	①检查热敏管膨胀阀和蒸发器压力调节器 ② 清洗或更换膨胀阀，更换干燥瓶 ③抽真空加制冷剂
制冷不足 	①低压、高压端压力均过高 ② 即使降低发动机转速，在观察窗也见不到气泡	①系统中制冷剂过量 ② 冷凝器散热不良（冷凝器散热器片堵塞或风扇电动机故障）	①检查冷凝器散热 ②检查风扇电动机 ③检查制冷剂量是否过多	①清洗冷凝器 ②修理风扇或线路，或更换 ③放出多余制冷剂
制冷不足 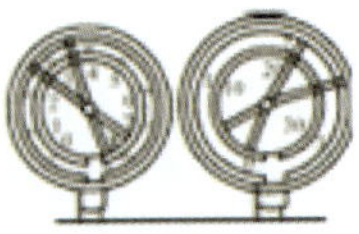	①低压、高压端压力均过高 ②高压表针来回摆动 ③观察窗中有气泡	空气进入系统	空气进入系统	①抽真空 ②重新加入制冷剂
制冷不足 	①高压、低压端压力均过高 ②低压端管路上出现大量露珠	膨胀阀存有故障或热敏管安装不当	①低压管路制冷剂过多 ②膨胀阀过开过大	①检查安装热敏管 ②检查膨胀阀，如有故障更换
不制冷 	①低压端压力太高 ②高压端压力太低	压缩机漏气	①压缩机故障 ②压缩机气门漏气或断裂	修理更换压缩机

三、通过观察孔检查制冷剂数量

使用下述步骤能快速检查空调系统充注的制冷剂是否恰当。（图6-8）
按下列设定让空调工作几分钟：
空调及风扇开关：高位。
发动机转速：1000rpm（快转怠速）。

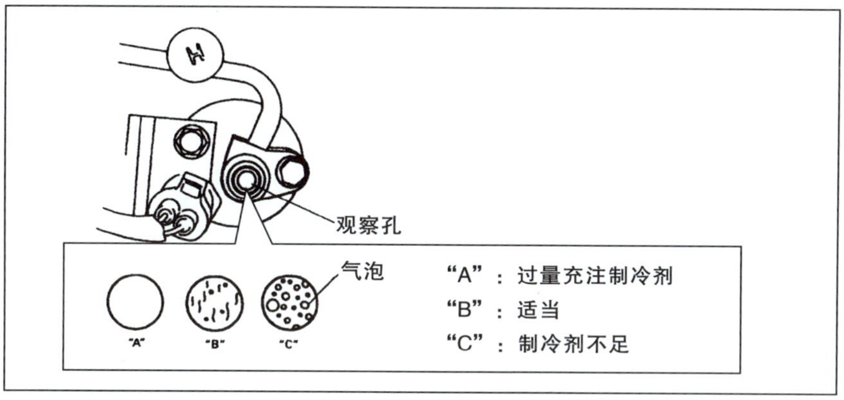

图6-8　检查制冷剂数量

通过观察孔检查空调系统内的制冷剂情况，并把观察到的情况和下表6-3中所给的相比较。

表6-3 制冷剂不适当出现的问题及排除方法

序号	问题（一）	问题（二）	处理方法
1	在观察孔内发现气泡过多	系统内制冷剂补充不足	用泄漏测试器检查系统是否泄漏
2	在观察孔内未发现气泡	系统内制冷剂已泄漏完或补充不足	参考步骤3和步骤4
3	在压缩机入口与出口之间之温度变化不大	系统内无制冷剂或几乎无制冷剂	对空调系统抽真空并重新加注，然后用泄漏测试器检查其泄漏情况
4	在压缩机入口与出口之间的温度存在明显的差异	制冷剂适量或过量	参考步骤5和步骤6
5	在关闭空调时，观察孔内的冷却剂立即消失，观察孔保持清晰	系统内制冷剂充注过量	排泄过量制冷液，将其调节到规定的充注量
6	在关闭空调时，观察孔内先产生气泡，然后气泡消失	系统内的制冷剂加注适量	无须处理，因为制冷剂加注正常

四、汽车空调的常见故障诊断及排除

汽车空调的制冷系统是一个完全密封的循环系统。其中任何一个零部件出现故障都会使汽车空调系统不能正常运行，制冷系统出现故障是不能随便拆卸零部件的。作为汽车空调维修技术人员，掌握常见故障的分析判断方法是很重要的，虽然不同的空调系统维修作业时的具体修理技术及修理方法有所不同，但故障的因素及分析方法则大同小异。根据这些判断及分析方法，可以较快找到故障的症结，制订具体的修理方案。汽车空调常见的故障有暖风系统故障、制冷系统故障两大类。

（一）暖风系统故障的诊断及排除

1. 不供暖或暖气不足故障诊断

（1）送风系统故障及排除

①通常为鼓风机或其控制电路故障，用万用表检查鼓风机电机电阻，如鼓风机电动机电阻过大或过小，则应更换。

②风机继电器、调温器故障，用万用表测继电器线圈电阻和调温器电阻，如为零或无穷大，则应更换。

③热风管道堵塞故障，清除堵塞物。

④温度门真空驱动器故障，检查真空驱动管路是否漏气，检查相关真空部件是否正常，如都正常更换真空驱动器。

（2）加热器系统故障及排除

①加热器漏风故障，应更换加热器壳。

②加热器芯内部有空气，应排出其内部空气。

③加热器翅片变形造成通风不良故障，对翅片校正或更换。

④温度门加热器管道积垢堵塞故障，应除垢使管道疏通。

（3）冷却液管路故障及排除

①冷却液流动不畅，应维修或更换。

②热水开关或真空驱动器失效故障，应检修或更换。

③发动机冷却液石蜡节温器失效故障，应更换节温器。

④冷却液不足，应首先补足冷却液，并检查散热器盖是否漏气。

2. 不送风故障及排除

（1）风机电路或其控制电路熔丝熔断或开关接触不良，更换熔丝或开关。

（2）风机电动机绕组短路或断路，维修或更换风机电机。

（3）风机调速电阻断路、风机继电器故障、风机电路导线连接故障等，应维修或更换。

3. 管路泄漏故障诊断

（1）管路老化故障，更换软管。

（2）接头不牢、密封不严故障，检修紧固接头。

（3）热水开关不能闭合故障，修复热水开关。

4. 供暖过热故障诊断

（1）调风门调节不当，应重新调整。

（2）发动机节温器损坏，应更换节温器。

（3）风扇调速电阻损坏，应更换调速电阻。

5. 除霜热风不足故障诊断

（1）除霜门调整不当，应重新调整。
（2）出风口堵塞，应清堵。

6. 操作不灵敏故障诊断

（1）操作机构卡死故障，应重新调定。
（2）风门过紧，应修理。
（3）真空器失灵，应检查真空系统是否漏气，如真空系统正常则更换真空驱动器。

（二）制冷系统故障的诊断及排除

1. 系统不制冷故障诊断

启动发动机，打开空调开关，打开风机开关，温度设置在较低的位置，如出风口无冷风吹出，这种情况应从电气和机械两方面去分析。

（1）组成和工作原理

系统不制冷主要是指压缩机没工作，压缩机电磁离合器基本控制电路主要是由空调A/C开关（风扇调速开关）、高压开关、低压开关及温控器组成的串联电路，只要有一个元件发生故障，空调压缩机就要停止工作。排除故障应做如下检查。

①检查压缩机主电路及其控制电路熔丝是否熔断，若熔断，应用万用表电阻挡分段检查相关线路对应的电阻，找出线路中非正常搭铁点，排除故障。

②拔下压缩机电磁离合器线束插头，直接将电源正极连到电磁离合器线圈电路接头上，若离合器工作说明离合器正常，否则更换或维修电磁离合器。

③检查电路中的A/C开关、高压开关、低压开关、冷气继电器触点及温控器等，用短路法在接通电源时分别短接所要检查的开关，如短接某开关时空调离合器工作，则该开关有故障。

（2）机械方面故障

①压缩机驱动皮带断了，压缩机停止工作。

②制冷系统堵塞，制冷剂无法循环，导致系统不制冷。用歧管压力计检测系统内压力，如果低压侧压力很低，高压侧压力很高，系统最可能产生堵塞的部位是储液干燥器和膨胀阀。

③膨胀阀感温包破裂，内部液体流失，造成膨胀阀膜片上方压力为零，阀针在弹簧力作用下将阀孔关闭，制冷剂无法流向蒸发器，因此，系统无法制冷。感温包破裂后，膨胀阀一般要换新件。

④系统内制冷剂全部泄漏。用歧管压力表测系统压力，若高压、低压侧压力都很低，说明制冷剂已经泄漏。应用测漏仪详细检查，确定其泄漏部位，进行修复。修复后要对系统抽真空，然后按规定加足制冷剂及冷冻润滑油。

⑤压缩机进气、排气阀片损坏，制冷剂无法循环。用歧管压力表检测系统内压力，若高压、低压侧压力接近相等，则说明阀片损坏。阀片损坏后，要拆卸压缩机进行修理或更换新件。

2. 系统制冷不足故障诊断

（1）制冷剂和冷冻润滑油原因

①系统内制冷剂不足。制冷剂不足，从膨胀阀喷入蒸发器的制冷剂减少，使蒸发器蒸发时吸收热量减少，故系统制冷能力下降。当诊断制冷剂不足时，可以从视液镜中看到偶尔冒出的气泡，说明制冷剂稍少，如果出现明显的翻腾气泡，说明制冷剂缺少很多。

②制冷剂注入量过多。制冷剂多，所占容量大，影响散热效果，因制冷效果和散热效果是热力学吸热和放热的两个过程，所以散热不好将直接影响制冷效果。如果从视液镜中看不到气泡，制冷系统高压、低压两侧压力都提高，可用歧管压力表排出多余的制冷剂。

③制冷剂和润滑油中含有脏物。由于脏物较多，在过滤器滤网上出现堵塞现象，使制冷剂流量减少，影响制冷效果。用手摸干燥器两端，正常情况是没有温差的，如感觉温差明显，说明干燥器堵塞。可用歧管压力表检测，如高压侧压力过高，低压侧压力过低，说明高压侧有堵塞。否则说明干燥器堵塞，需更换。

④制冷剂含有空气。空气是导热不良物质，在系统压力和温度下，它不能溶于制冷剂，制冷剂中混有空气影响其散热；有些空气随制冷剂在系统中循环，使膨胀阀喷出的制冷剂量下降，导致制冷能力下降。当制冷剂通过膨胀阀节流孔时，由于其压力和温度迅速下降，空气中的水分在膨胀阀小孔处产生“冰阻”现象。停机一会儿，待冰融化后系统又恢复工作。这种情况须抽真空重新注制冷剂。

（2）机械方面因素

压缩机工作性能下降的故障及诊断修理方法如表6-4所示。

表6-4　压缩机工作性能下降的故障及诊断修理方法

故障现象	诊 断	排 除
低压侧压力高	压缩机内部泄漏磨损	拆下压缩机缸盖检验压缩机，必要时更换阀板总成
高压侧压力低	缸盖密封垫漏气	更换密封垫
制冷效果不良	压缩机皮带打滑	调整皮带轮

①检测压缩机进排气管口温度，如温差不大，用歧管压力计检测进排气口压力，如高压侧压力偏低，低压侧压力偏高，可诊断为压缩机漏气。原因为压缩机使用时间较长，由于汽缸及活塞磨损，使汽缸间隙增大及进气、排气阀片关闭不严，都会造成漏气，使压缩机实际排气量远小于理论排气量。解决方法：更换压缩机。

②压缩机驱动带松弛，工作时打滑，传动效率低。如有同步传感器的空调控制系统，可自动监控压缩机转速与发动机转速是否比例恒定，如超过某差值，将自动切断压缩机电磁离合器电路。解决方法：调紧驱动带。

③电磁离合器压板与带轮的结合面磨损严重或有油污，工作时出现打滑。如电磁离合器线路电阻过大或供电电压太低也会使电磁离合器线圈吸力不足造成离合器打滑。解决方法：首先观察离合器压板与带轮的间隙是否均匀，压板是否扭曲，如无法维修则更换离合器。

④冷凝器散热性能下降。冷凝器表面有污泥，被杂物覆盖或堵塞，翅片变形等。此外，冷却风扇驱动带松弛或转速过低等。解决方法：调整驱动带张力，清除冷凝器表面污物及覆盖物，修整好弯曲的翅片。

⑤出风口吹出的冷气量不足。蒸发器表面结霜或鼓风机转速下降都会使吹出的冷气量不足。解决

办法：检查风机调速开关、风机电动机、风机继电器等电路。

3. 制冷系统有噪声故障诊断

（1）制冷剂过量引起的高压管、压缩机的敲击声，此时应排放制冷剂，直至高压侧显示值正常为止。

（2）制冷剂不足引起蒸发器进口的“嘶嘶”声故障，此时应查清有无泄漏；如有泄漏则应补漏，然后加足制冷剂。

（3）制冷系统水分过量故障，此时应更换干燥器，排出原制冷剂，系统再次抽真空，充注制冷剂。

（4）压缩机离合器异响，见表6-5，空调系统的异响主要来源于压缩机和电磁离合器，异响的主要原因如下：

表6-5 压缩机离合器噪声异常的故障诊断及排除方法

故障现象及原因	排除方法
传动带打滑	拉紧传动带
传动带不平行	调整平行度
离合器打滑	调整间隙或更换离合器轮毂
轴承损坏	更换轴承或离合器组件
压缩机油封泄漏	更换油封
零部件匹配不当	更换匹配良好的零部件
离合器压板有油污	查找油污来源处，修理或更换

①尖叫声。尖叫声主要由离合器结合时打滑发出，或者由于皮带过松或磨损引起。

②振动。压缩机的振动以及轴的振动也是异响的来源之一。首先检查其支撑是否断裂，紧固螺栓是否松动，引起压缩机振动的还有皮带张力过紧或皮带轮轴线不平行。压缩机的轴承磨损过大会引起轴的振动。皮带轮轴承润滑不良也会引起异响。

五、空调电气部件的检测

1. 空调发动机冷却温度传感器的检查

在给水逐渐加热的同时，将传感器的温度传感部分放入水中并测量传感器的电阻值，如电阻与温度之间的关系如表6-6所示，则表明正常，如有故障，用新传感器更换。

表6-6 电阻与温度之间的关系

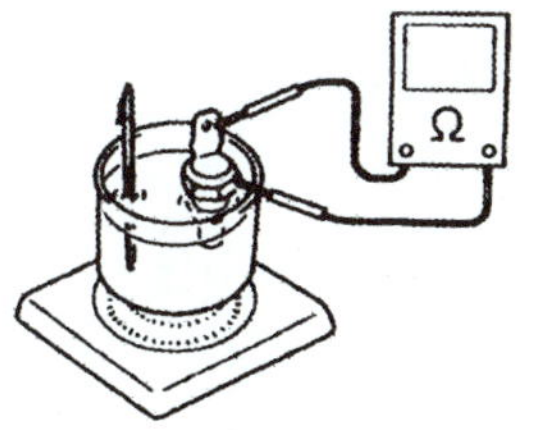	温度[℃(°F)]	50（122）	80（176）	100（212）
	电阻（Ω）	154	52	27.5

2. 压力保护开关的检查

(1) 高低压保护开关的检查

①当空调系统适量地充注了制冷剂和空调系统（压缩机）正在工作时，检查开关在正常温度下是否导通。在这两种情况下，开关都应导通。

②当压力在以下规定范围时，开关应不导通。（表6–7）

表6–7 开关不导通的两种情况

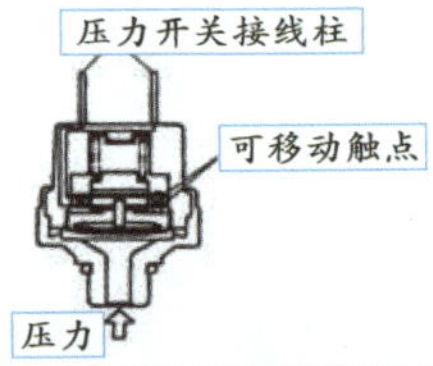	高压侧压力	高低压开关
	200kPa（2.0kg/cm²）或以下	不导通
	3200kPa（32kg/cm²）或以上	不导通

(2) 中压保护开关的检查

中压保护开关（表6–8）：

表6–8 中压保护开关

高压侧压力	散热器电子风扇
1500kPa（15.2kg/cm²）或以上	导通工作
1000kPa（10.0kg/cm²）或以下	不导通停止

3. 空调冷凝器总成的检查

检查以下情况：

（1）冷凝器散热叶片或管路的管子是否泄漏、堵塞，以及损坏。

（2）冷凝器装配件是否泄漏。

被阻塞的冷凝器散热叶片必须用水清洗，然后用压缩空气吹干（图6–9）。

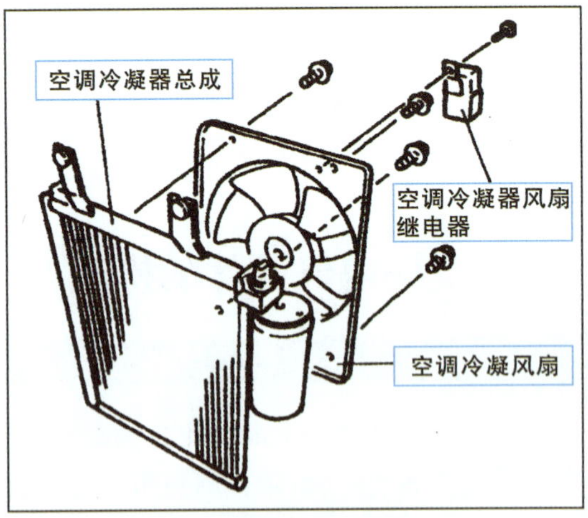

图6–9 空调冷凝器总成

注意

小心不要损坏冷凝器散热叶片，如冷凝器散热叶片弯曲，请用起子或镊子将之弄直，如发现配件或管子有泄漏，应修理或更换冷凝器。

4. 空调冷凝器风扇电机的检查

检查每两个端子之间是否导通。

如检查结果是导通，请进行下一次检查。否则应更换。（图6–10）

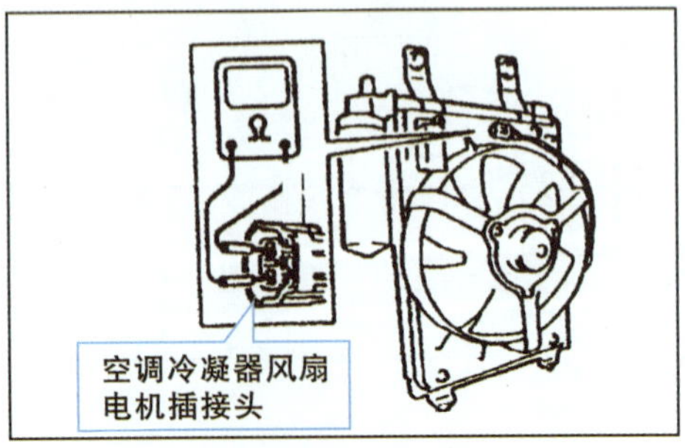

图6–10 检查冷凝器风扇电机端子

如图6-11所示，将蓄电池连接到空调冷凝器风扇电机上，然后检查冷凝器风扇电机工作是否平衡。

参考电流：在12V时，5.0～6.2A。

5. 空调冷凝器风扇继电器的检查

检查下表中每两个端子之间的电阻：

“A”与“B”端子之间电阻：∞（无穷）。

“C”与“D”端子之间电阻：20℃（68° F）时80~100Ω。

如检查结果符合规定，请进行下一步检查，如图6-12所示，否则应更换。

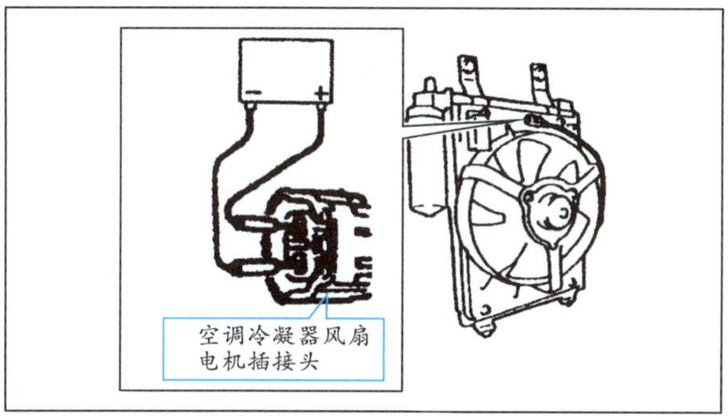

图6-11 检查冷凝器风扇是否工作

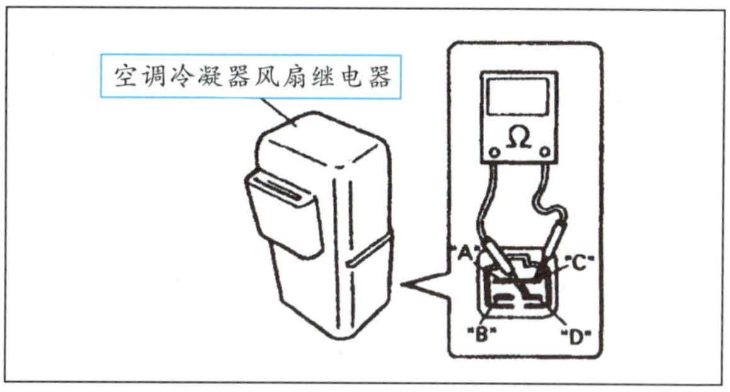

图6-12 检查冷凝器风扇继电器电阻

当蓄电池被连接到“C”和“D”端子上时，检查“A”与“B”端子之间是否导通（图6-13）。如发现不良，应更换。

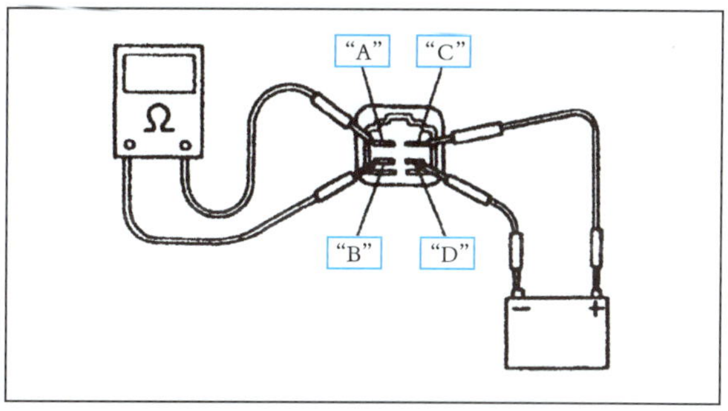

图6-13 检查冷凝器风扇继电器

6. 顶置蒸发器的检查

检查下列情况：

蒸发器的散热叶片有无泄漏、阻塞及损坏。

蒸发器配件是否泄漏。被阻塞的蒸发器散热叶片必须用水清洗，然后用压缩空气吹干。

检查风机风扇电机的两个端子之间是否导通，如检查结果为导通，请进行下一步检查。否则，应更换。

可将电流表串连接到风机风扇电机上，然后检查风机风扇电机工作是否正常。

其各挡位工作电流为：

2.2 ± 0.2A时，250m3/h ± 20%（高）。

1.5 ± 0.2A时，150m3/h ± 20%（中）。

0.9 ± 0.2A时，100m3/h ± 20%（低）。

7. 空调及风扇开关的检查

（1）拆卸蓄电池负极电线。

（2）取下顶置蒸发器总成外壳。

（3）拆下空调及风扇开关接头、取下空调及风扇开关。

（4）使用电阻计检查空调及风扇开关每两个端子之间是否正确导通。如空调及风扇开关未导通，则应更换。（表6-9）

表6-9 检查风扇开关导通情况

位置	“A”	“B”	“C”	“D”
断开	○			
低	○—	—○		
中	○—	—○—	—○	
高	○—	—○—	——	—○

8. 车用负离子发生器的检查（图6-14）

输入电流和输出电压：

输入电流应小于20mA，输出电压为-3.4～-4.8kV。

负离子发射浓度：

负离子浓度应大于1.5×10^{6}个/cm^{3}。

臭氧浓度应小于$0.2mg/m^{3}$。

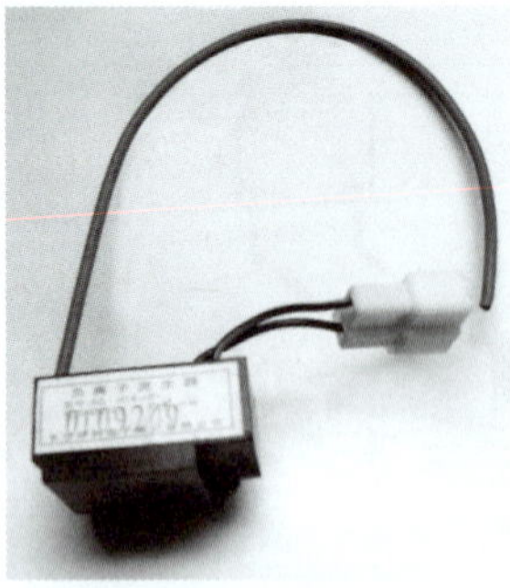

图6-14 负离子发生器

车用负离子发生器的检测方法

负离子发生器装入整机后，为检测其是否正常工作，通常采用以下两种方法进行检测：

①大气离子浓度检测仪检测法：接通空调电源，使顶置空调工作，用大气离子浓度测量仪对准空调出风口，从测量仪的指示表上可知负离子发生器是否工作且可测出负离子浓度。

②试电笔检测法：接通空调电源，使顶置空调工作，用氖管试电笔伸入空调出风口，靠近负离子发生器四个发射嘴中任意一个，试电笔氖管应发红光，否则负离子发生器未正常工作。采用此方法时，为避免测试人员人体电阻的差别影响测量效果，最好将试电笔接地端用软导线连接电源负极，且此种方法只能检测负离子发生器是否工作，不能检测负离子的浓度。

9. 风机调速电阻器的检查

按表6-10所示检查每个端子之间的电阻。

表6-10 检查每个端子与端子之间的电阻

	端子—端子	电阻
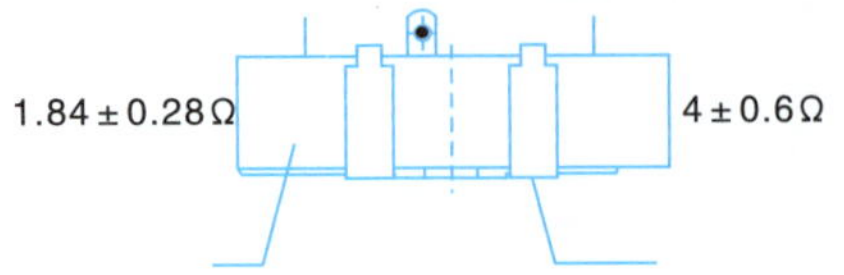	“A”－“B”	1.84±0.28Ω
	“A”－“C”	5.84±0.6Ω
	“B”－“C”	4±0.6Ω

如检查结果在表中规定的范围内，应更换风机风扇电机及电阻器。

10. 前置蒸发器热敏电阻的检查

热敏电阻：防止蒸发器表面结霜，该电阻具有负温度特性，当蒸发器的温度低于2℃，切断压缩机，当蒸发器的温度高于5℃，启动压缩机（表6-11）。

表6-11 热敏电阻的检查

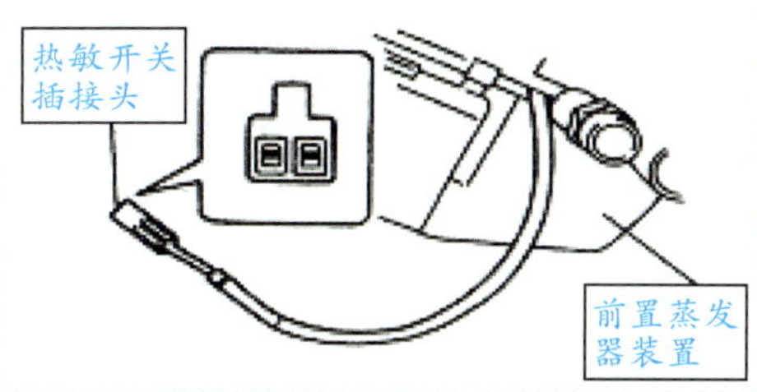

传感器温度[℃(°F)]	电阻(kΩ±)
0(32)	6.3~7.0
25(77)	1.8~2.2

如检查结果在表中范围内，应更换热敏电阻。

注意

热敏电阻被拆卸后，必须按原位置重新安装。

11．膨胀阀的检查

其作用是将经过干燥过滤器流出的高压液态制冷剂从其小孔喷出，使其急剧膨胀，变成低压雾状体，以便易于吸热汽化；另外，它可起节流作用。这种控制是通过感温元件（感温包内充注有R134a）自动控制膨胀阀的开启度的大小来实现的（图6-15）。

膨胀阀：前置蒸发器使用的是H型膨胀阀，顶置蒸发器使用的是F型膨胀阀。

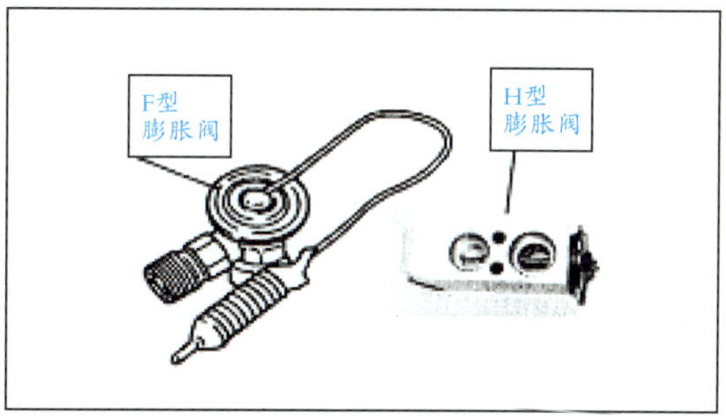

图6-15 膨胀阀的检查

12．空调继电器的检查

检查图中每两个端子之间的电阻。“A”端子与“B”端子之间的电阻∞。“C”端子与“D”端子之间的电阻：温度在20℃（68°F）时电阻为80~100Ω。如检查结果符合规定，则进行下一步检查，否则应予更换。当蓄电池被连接到“C”及“D”端子时，检查端子“A”与“B”之间是否导通，如发现不良，应予更换。（图6-16）

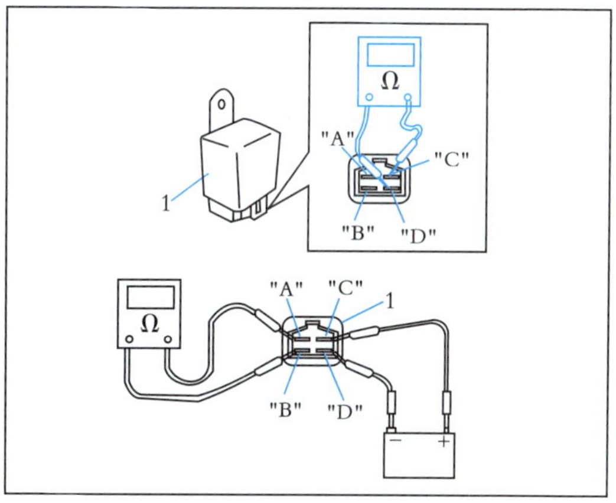

图6-16 空调继电器的检查

13．空调压缩机的检查

压缩机故障主要有以下三种形式：漏气、噪声以及压力不足，在绝大多数情况下，压缩机漏气是由轴密封件引发的，当检查漏气时，一般使用泄漏测试器，如少量机油从轴密封件渗漏出，没有必要更换密封件，设计时允许渗漏少量机油轴密封件，其目的在于润滑。因此，只有当大量的压缩机油泄漏出来或当使用气体测试器测得漏气时，才必须更换轴密封件。（表6-12）

表6-12 空调压缩机的检查

问题	可能原因	处理方法
压缩机有噪声	·旋转阀产生故障 ·轴承阀产生故障 ·汽缸或轴产生故障	更换

续表

问题	可能原因	处理方法
电磁离合器有噪声	①轴承产生故障 ②离合器片产生损坏	更换
冷气不足	①密封垫产生损坏 ②片簧阀产生故障	更换
不旋转	①旋转阀锁死以致汽缸和/或轴以及片簧阀被锁住 ②电磁离合器被卡住 ③由于机油量不足，旋转部件被卡住	更换
机油或液体泄漏	①轴密封件损坏 ②“O”形密封圈损坏	更换

情境二：自动空调系统的检测与诊断

一、自动空调系统的组成与工作原理

1. 自动空调系统的组成

自动空调作为一个自动控制系统，与车上的其他电控系统一样，也有一个控制中枢（自动空调ECU）、探测仪传感器和执行器等部分。如图6-17所示，为马自达2的自动空调系统组成图。自动空调控制系统的探测仪传感器一般有室内温度传感器、环境温度传感器、蒸发器温度传感器、阳光传感器、水温传感器等，传感器部分专门负责温度、压力信息反馈。执行器部件包括空调冷凝器散热风扇电机、鼓风机电机、进气执行器电机、气流混合执行器电机、气流模式执行器电机等，用以控制冷暖气组合，开启或关闭正面、侧面和脚部的出风口。除此之外，还有自检及报警部分。单从上述结构看，现代汽车的自动空调就比手动空调复杂得多。

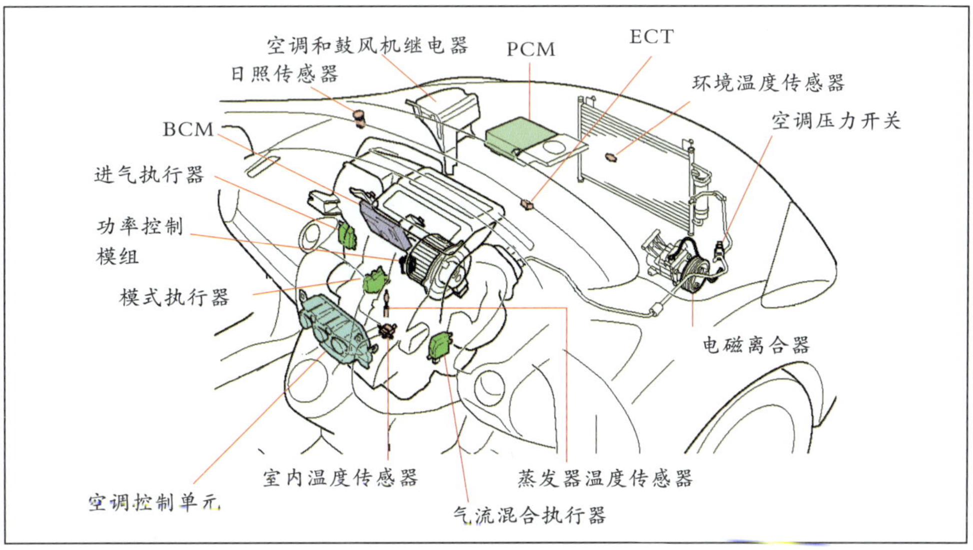

图6-17 自动空调系统的组成

自动空调系统的电控结构图如图6-18所示，所谓自动空调，就是自动将室内温度控制在所需水平，并根据环境条件的变化进行调整，如大气温度、日照强度和乘客数量等。也可自动控制空气混合门、鼓风机速度以及排气门和进气门，自动控制和选择温度、气流、出风口和进气口的设置，以让乘客感觉舒适。

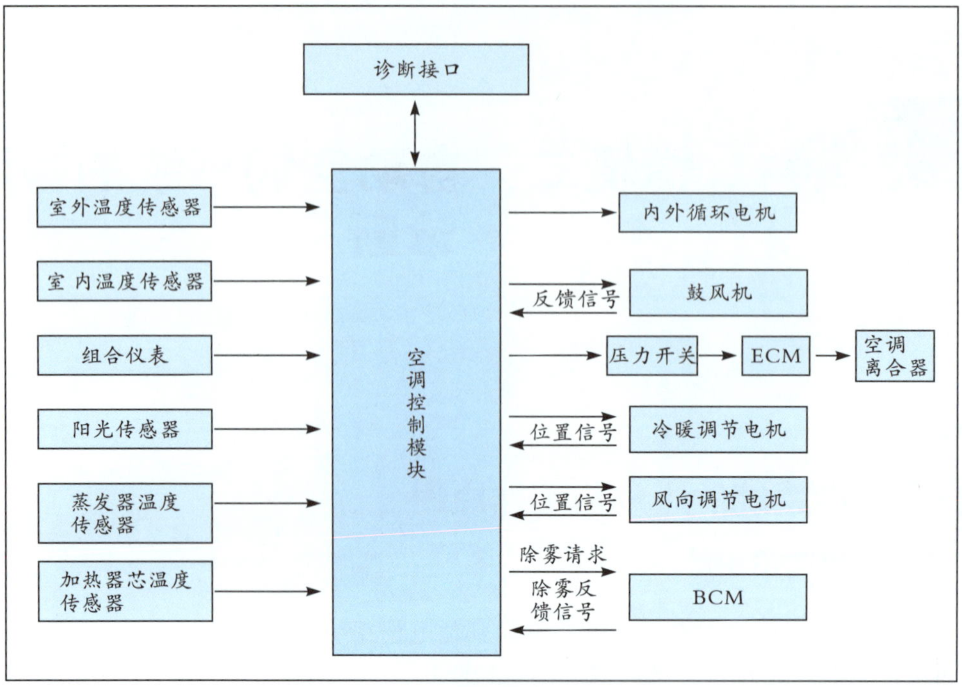

图6-18 自动空调系统的结构图

随着科学技术的发展和生活水平的提高，人们对汽车乘坐舒适性的要求也越来越高，汽车空调就是一个改善乘坐舒适性的装备。汽车空调在经历了多年的手动空调器发展后，现代很多车系都已经使用微电脑控制的自动空调，现在的中高级轿车上还出现了双区全自动空调和四区全自动空调。如图6-17和图6-18分别是双区全自动空调和四区全自动空调示意图，双区全自动空调是指驾驶员侧和前乘客车的出风温度和气流模式可以独立调节，而四区全自动空调则为了确保座舱内舒适的气候，通风设计被分成四个基本功能。通过这种设计，各个座椅的通风与温度可以分别调节。

2. 自动空调系统的工作原理

自动空调系统是舒适性装置，汽车内部温度是舒适性的重要指标。车内温度取决于车外温度、空气流量以及太阳辐射的大小。当车外温度超过20摄氏度以上，车内的舒适温度只能靠冷风降温达到。开启自动空调时，只需操纵如图所示的自动空调控制面板上的温度调节旋钮，自动空调系统便会逐渐调节到设定的室内温度和理想的送风方式。

工作原理

（1）当室内温度高于设定的温度时，自动空调ECU便会指挥空气混合马达，使热空气流经蒸发器冷却，同时加快鼓风机速度，并将送气方式改为正面直吹，将冷气效果加强。

（2）当车厢的温度低于设定温度时，自动空调ECU便会指挥空气混合马达，使冷空气流经暖风芯加热，同时加快鼓风机速度，并将气流方式改为正面及脚部，令车厢内的混合空气传送更均匀。

二、自动空调系统的自诊断

现代汽车的自动空调控制系统都具有自我诊断功能，实施自诊断有助于快速而系统地查找空调控制系统的传感器、控制单元、执行元件（各伺服电机，鼓风机马达、压缩机）以及电气线路连接故障。下面以现代SONATA为列介绍一下自动空调系统的自诊断方法。

1. 自我诊断方法（图6-19）

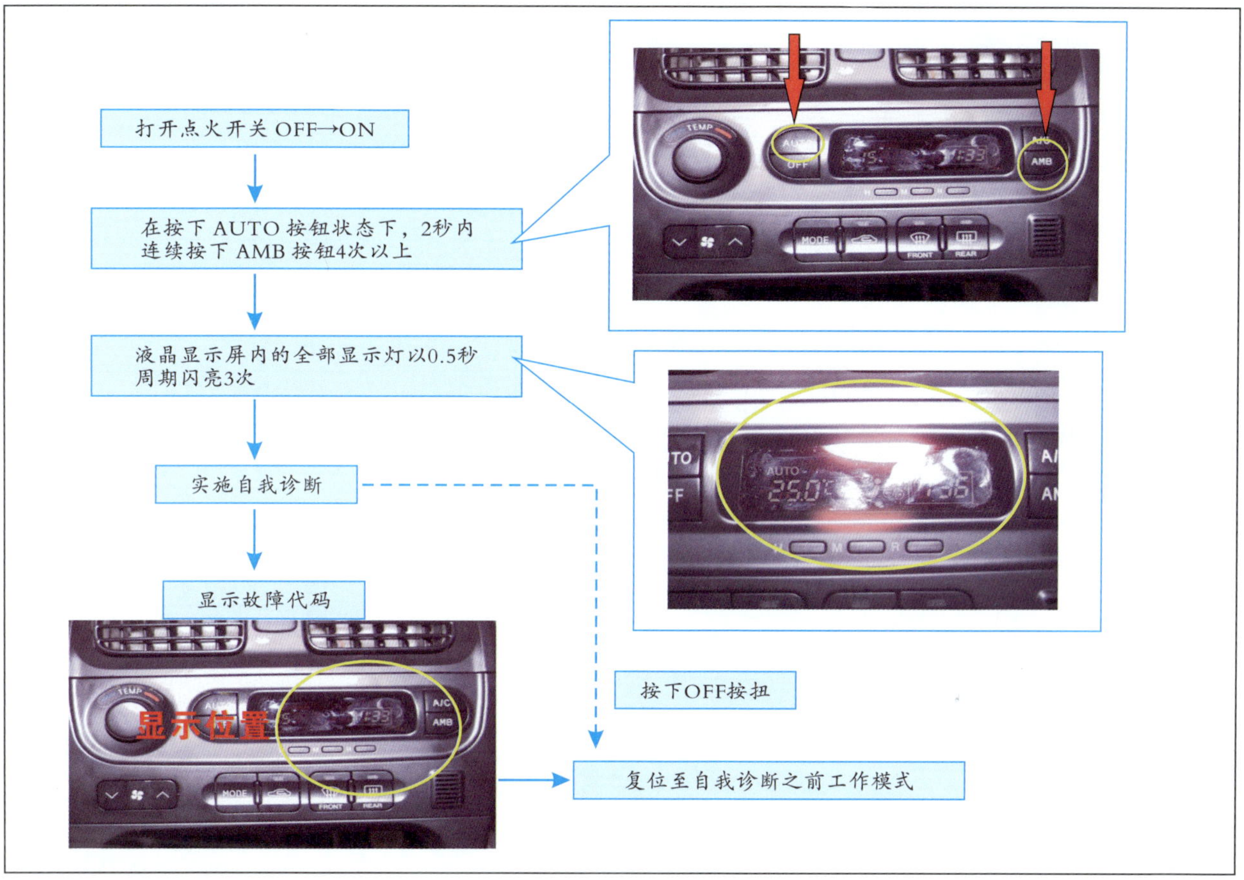

图6-19 自我诊断方法

2. 故障代码表示方法（图6-20）

图6-20 故障代码表示方法

例：故障代码为11、12时（连续显示）。（图6-21、表6-13）

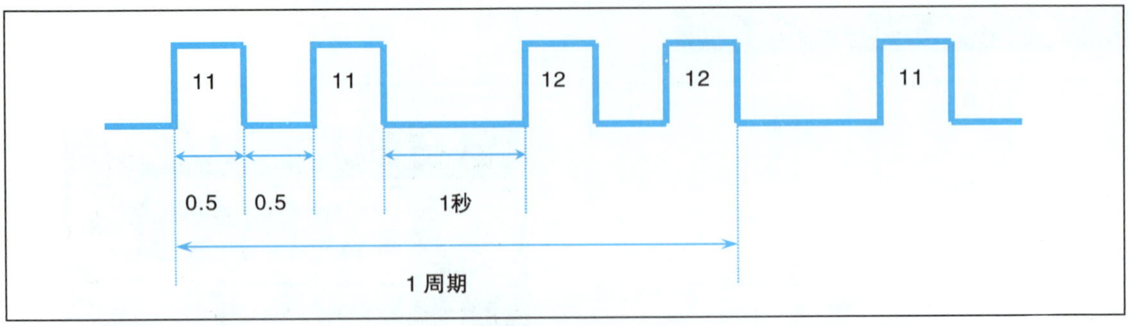

图6-21 故障代码为11、12时示例

表6-13 故障代码

故障代码	故障项目	故障代码	故障项目
00	正常	16	水温传感器短路
11	室内温度传感器断路	17	蒸发器表面温度传感器断路
12	室内温度传感器短路	18	蒸发器表面温度传感器短路
13	外界温度传感器断路	19	温度门位置传感器不良
14	外界温度传感器短路	20	温度门电机驱动不良
15	水温传感器断路		

课题小结

1. 汽车空调的常见检查方法主要是通过看、听、摸、测等手段来进行的。

2. 使用歧管仪测量高低压管路的压力状况可以判断故障产生的原因。在新鲜空气温度为30～35℃，发动机转速为1500～2000r/min，风扇速度开关在最大，冷度开关在最强时，从歧管压力表上读取压力值。

3. 当自动空调系统出现故障时，先检查其基本装置有无故障，然后再检查电子控制系统。先易后难，能够比较快地确认故障所在。对于电路故障，则可通过其故障自诊断系统，采用读取故障码的方法进行诊断。

4. 汽车空调常见的故障有暖风系统故障、制冷系统故障两大类。

思考与练习

1. 汽车空调故障诊断的常用方法有哪些？
2. 使用歧管压力表进行故障诊断时空调的运行条件是怎样的？
3. 空调制冷系统常见的故障有哪些？
4. 汽车自动空调系统的传感器和执行器有哪些？各起什么作用？

第七部分

安全与保护系统的检测与故障诊断

情境一：安全气囊系统的检测与故障诊断

一、汽车安全气囊系统的组成和工作原理

1. 安全气囊系统的组成及作用

如图7-1所示，安全气囊系统主要由碰撞传感器、安全气囊控制单元（SRS ECU）、安全气囊组件（驾驶侧安全气囊、乘客侧安全气囊、前（后）座侧面安全气囊、座椅安全带拉紧器）、安全气囊系统指示灯等主要部件组成。碰撞传感器作为安全气囊系统中主要的控制信号输入装置，主要检测车辆发生碰撞时的冲击或减速度值，再把信号传递给安全气囊控制单元，ECU对各传感器输入的信号进行分析处理，判断是否点火引爆气囊，并对系统故障进行自诊断。安全气囊系统指示灯指示安全气囊系统功能是否处于正常状态。

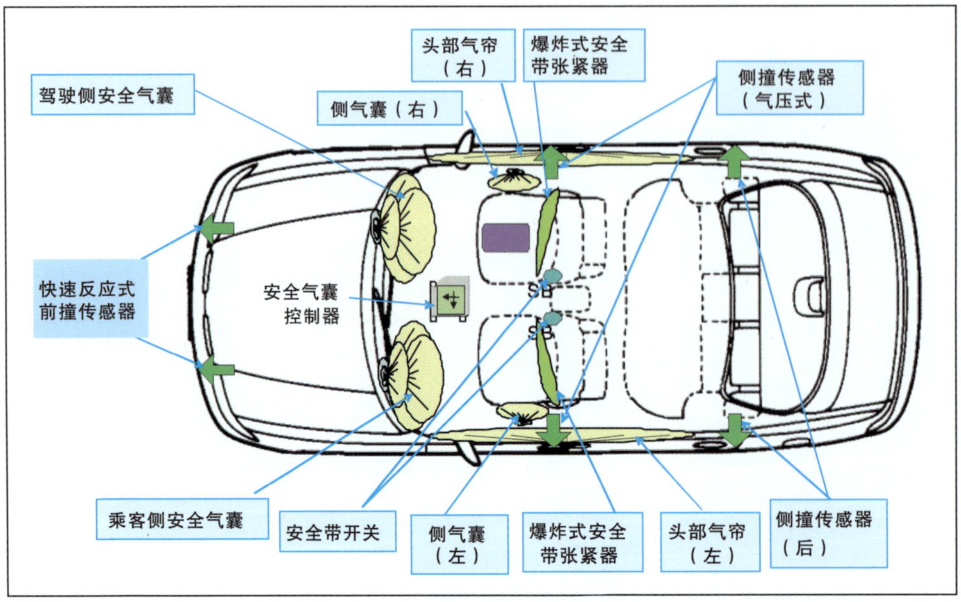

图7-1 安全气囊系统的组成部件

2. 安全气囊系统的工作原理

安全气囊系统工作时，各传感器不断将车速变化的信息输入ECU，ECU不断地计算、分析、比较和判断，并随时准备发出指令。

（1）当车速小于30km/h发生碰撞时，前方传感器和其串联的安全传感器同时向ECU输入撞车信号，并发出引爆安全带预紧器点火器的指令，而中央传感器发出的信号不能使ECU发出引爆气囊点火器的指令。所以，在低速（减速度较小）冲撞时，只要预紧器向后拉紧安全带，就足以保护驾乘人员不撞向前方。

（2）在高速（减速度较大）碰撞时，前方传感器和中央传感器同时向ECU输入冲撞信号，ECU在迅速判断后发出指令，同时引爆左右预紧器和双气囊的点火器。安全带向后拉紧的同时，2个气囊同时张开，吸收驾乘人员因减速度大而产生的冲撞能量，有效地保护他们的安全。

如图7-2所示，当汽车发生正面碰撞事故时，安全气囊控制系统检测到冲击力超过设定值时，安全气囊ECU立即接通充气元件中的点火器电路，点燃点火器内的点火介质，从而引燃点火药粉和气体发生剂，产生大量气体，在0.03s的时间内即将气囊充气，使气囊急剧膨胀，冲破转向盘上装饰盖板鼓向驾驶员和乘员，使驾驶员和乘员的头部和胸部压在充满气体的气囊上，缓冲对驾驶员和乘员的冲击，随后又将气囊中的气体放出。它可将撞击力均匀地分布在头部和胸部，防止乘客脆弱的身体部位与车身产生直接碰撞，大大减少受伤的可能性。

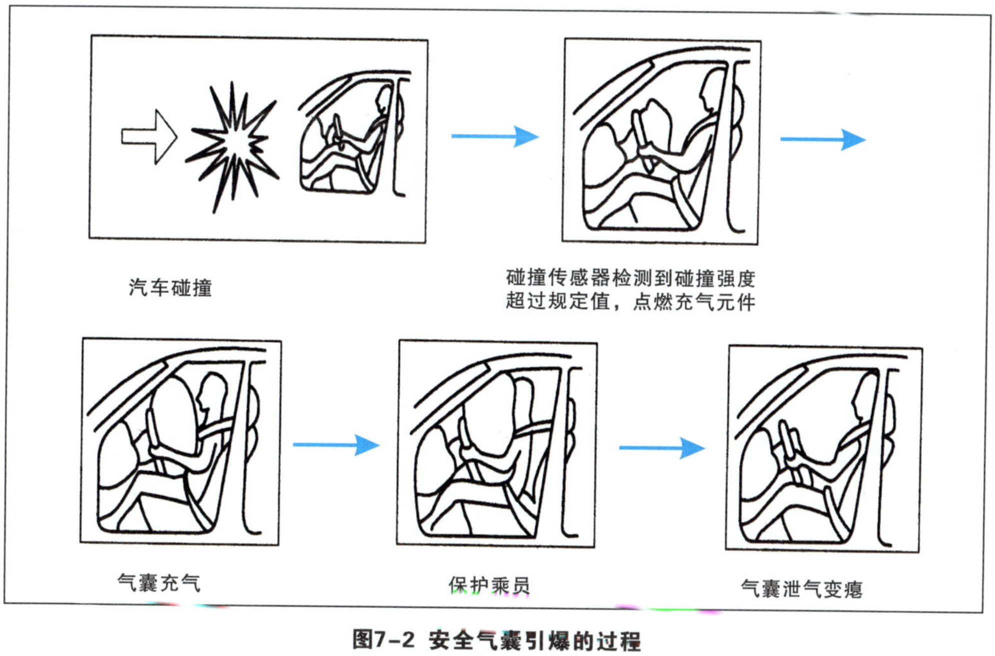

图7-2 安全气囊引爆的过程

此外，气囊爆发时的音量大约只有130dB，在人体可忍受的范围；气囊中78%的气体是氮气，十分稳定且不含毒性，对人体无害，爆发时带出的粉末对人体亦无害。

从发生冲撞、传感器发出信号到控制器判断引爆点火器，大约需要10ms时间。引爆后，气体发生器产生大量氮气，迅速吹胀气囊。从发生冲撞到气囊形成，进而到安全带拉紧，全过程可在不到1s内完成。

当气囊引爆后，由于产生的气体大量涌进气囊，使气囊的压力增高，不利于吸收冲撞能量，所以在气囊的后面有2个排泄压力的气体排放孔，从而有利于保护驾乘人员的安全。

二、安全气囊系统的检测与诊断方法

1. 安全气囊系统检测注意事项

在检修安全气囊系统时，如果不按正确顺序操作，一方面很可能使乘员约束系统在维修过程中意外动作，造成严重事故；也可能使故障不仅不能得以排除，而且还会使安全气囊系统失效，造成在需要乘员约束系统进行保护时它却不起作用。另外还可能使汽车其他系统不能工作。因此，在检修乘员约束系统（安全气囊系统和安全带预紧装置）时，一定要注意以下几个方面：

注意

（1）在对安全气囊系统进行故障诊断时，应首先提取故障代码。因为安全气囊系统失效时没有故障现象，无法根据故障现象进行故障诊断。当安全气囊系统出现故障时，自诊断系统提供的故障代码就成为故障诊断的重要依据。

（2）安全气囊系统各零部件的检修和测试必须在点火开关转到“LOCK”位置且将蓄电池搭铁线拆下一段时间（车型不同，断开时间也不同）后才能进行。因为安全气囊系统配有后备电源，若从蓄电池上拆下负极搭铁线不到规定时间就开始维修工作，则很容易因备用电源而使气囊充气张开，造成严重事故。另外，若拆开安全气囊电线插接器时点火开关不在“LOCK”位置而在“ON”或“ACC”位置，安全气囊系统还会出现故障代码。

由于拆下蓄电池负极搭铁线将会使音响系统自动锁住以及使时钟的储存内容消失。因此，在检修之前应首先将存储系统的存储内容（如音响密码等）做好记录，以便在维修工作结束后利用密码使音响系统解锁和重新调准时钟。另外，对于具有存储功能的电动座椅、电动后视镜、电子安全带预紧装置、方向盘自动倾斜和伸缩转向系统，在维修时也会因拆下蓄电池搭铁线而使其存储内容丢失。因此，在维修工作结束后应重新设置其存储内容。

（3）无论发生何种强度的碰撞（即使发生了轻微碰撞，安全气囊并不动作），都应对前碰撞传感器及安全气囊组件进行检查。

（4）更换零件时，应使用本车型安全气囊系统的新件，切勿使用其他车辆的零件。

（5）不允许对SRS ECU进行敲击、跌落、震动或酸、碱、油、水的侵蚀，若在修理过程中有可能产生对传感器有冲击作用的震动，则应在修理前拆下碰撞传感器。

（6）绝对不允许测量安全气囊引爆管的电阻，因为这样做很容易使气囊张开而造成事故。

（7）不要拆卸和修理前碰撞传感器、安全气囊组件（包括驾驶员侧和副驾驶员侧）、SRS微电脑以及安全带预紧器，因为它们均为一次性零部件，根本不用拆卸和修理。若前碰撞传感器、SRS微电脑或安全气囊组件（包括驾驶员侧和副驾驶员侧）曾被摔过，或者其上有裂纹、凹痕，或其表面有缺陷等，均应更换新件。不可将前碰撞传感器、SRS微电脑以及安全气囊组件正对热空气或火焰。

（8）检查电路时应使用高阻抗（大于10kΩ/V）的电压/电阻表。

（9）安全气囊系统中各部件的外表贴有标签，其上有使用说明，必须严格遵守。

（10）安全气囊系统维修完毕后，应检查安全气囊报警灯工作是否正常。

2. 安全气囊系统的故障诊断方法

安全气囊系统的故障难以确诊，一般有三种诊断方法，即警告灯诊断法（自诊断）、参数测量法和仪器诊断法。

（1）警告灯诊断法。现代轿车一般都配备有自诊断系统，通过对自诊断接口进行相应的操作，即可通过仪表板上的安全气囊警告灯（图7-3）读取故障码。

（2）参数测量法。部分轿车的安全气囊系统配有供故障诊断用的测试接口，在进行故障诊断时，只需测出各接口之间的电压，与手册中的正常电压进行对比，即可找出故障原因。

（3）仪器诊断法。故障警告灯闪烁表明系统产生故障，连接相应诊断仪器提取故障代码，然后根据故障代码的提示进行相应的故障排除。

图7-3 安全气囊警告灯

3. 安全气囊系统故障诊断程序

当安全气囊系统出现故障时，可按下列程序进行故障诊断

（1）填写故障分析检查单。向车主询问出现故障时的条件、故障的细节以及检修历史，并详细填写故障分析检查单。

（2）检查安全气囊报警灯。对丰田子弹头旅行车而言，当安全气囊系统正常时，若将点火开关置于“ACC”或“ON”位置，位于组合仪表上的安全气囊报警灯应亮6s左右后熄灭。

如果点火开关在“ACC”或“ON”位置时安全气囊报警灯常亮，则说明SRS微电脑自诊断系统已检测到故障。如果点火开关在“ACC”或“ON”位置时安全气囊报警灯亮6s后还时而发亮，或者点火开关关掉后仍亮，则可能是安全气囊报警灯电路有短路故障。

如果点火开关在“ACC”或“ON”位置时安全气囊报警灯根本不亮，则说明安全气囊报警灯电路有断路故障。

（3）提取故障代码。用警告灯或诊断仪器按各车型规定的操作步骤触发自诊断系统，使自诊断系统向外输出故障代码。如果自诊断系统输出正常的代码，则可能是安全气囊系统的电源电路出现故障。此时，应检查安全气囊系统的电源电路。

（4）清除故障代码。按各车型的规定方法清除故障代码。此步骤的目的是：确认步骤（3）中出现的故障代码是当前的还是以前出现过的，以防止出现误诊断。因为以前出现过的故障代码在故障排除后不及时清除，该故障码会一直存储在SRS微电脑中。

（5）再次提取故障代码。清除故障代码后，先让点火开关通断5次，通断时间均为20s（其目的是让SRS微电脑自诊断系统对安全气囊系统再进行一次检测以发现当前故障，并将该故障以故障代码的形式储存起来），然后再按规定的步骤提取故障代码。如果输出故障代码，则说明故障仍然存在。

（6）故障症状模拟。如果在步骤（5）中无故障代码输出，则可按车主叙述的故障条件进行模拟试验，即在模拟车主所描述的故障条件下，检查是否有故障代码输出。若有故障代码输出，则可按故障代码指出的故障区域进行检查；若无故障代码输出，则可通过再次查看安全气囊报警灯来确认故障代码是否存在。

（7）按故障代码指定的故障区域进行故障诊断。根据故障代码进行诊断，判断故障是在传感器和执行器上还是在线束与插接器上。

（8）按故障诊断确定的部位进行修理。

（9）按各车型的规定步骤清除故障代码，然后再次提取故障代码。先将点火开关通断至少5次，通断时间均为20s，然后提取故障代码。本步骤的目的是检查故障是否排除。

（10）确认试验。检查安全气囊报警灯，确认所有故障均已排除。若故障报警灯有指示，则应从步骤（2）重新开始检查。如果故障报警灯无指示，则说明安全气囊系统的故障已排除，可以将车交给用户使用。

三、丰田汽车安全气囊的检测与修理

1. 初步检查

当点火开关从“LOCK”位置打至“ACC”或“ON”位置时，诊断电路启动气囊报警灯约6s进行初步检查。当检测到故障时，报警灯不熄灭，即使过了6s，报警灯仍点亮。

2. 常规检查

在初步检查中如没有发现故障，约6s后报警灯熄灭，使点火器做好准备。诊断电路开始常规检查，以检查各个部件、电源和电气配线是否有断路或短路等故障。发现故障，报警灯常亮以提醒驾驶员。

3. 诊断码校核

诊断码可由报警灯闪烁方式表示：

（1）将点火开关打至“ACC”或“ON”位置，并等待20s以上。

（2）连接TDCL（丰田专用诊断接口）或用跨接线跨接诊断插座的Tc和E1两个端子，当报警灯开始闪烁，则显示诊断代码。

如果SRS系统功能正常，则仪表板上的SRS指示灯每秒闪烁2次，每次点亮与熄灭的时间均为0.25s，高电平时灯亮，低电平时灯灭。如果SRS系统有故障，则SRS指示灯会闪烁显示故障代码。丰田车系安全气囊系统的故障代码均为2位数字，指示灯先显示十位数字，后显示个位数字。同一数字灯亮与灯灭的时间均为0.5s，十位数字与个位数字之间间隔1.5 s。如果有多个故障代码，则与故障代码之间的间隔为2.5s，并按故障代码的数字由小到大顺序显示。故障代码全部输出后，间隔4s后再重复显示。

（3）诊断代码清除。

故障排除后，如果点火开关在“ACC”或“ON”位置时，不将所储存的诊断代码清除，报警灯不会熄灭。此时的清除程序要视存储器类型而异。

常规型只须切断电源即可。EEPROM型(电子可擦可编程只读存储器)即使切断电源，也不能擦除存储内容。此时则可使用以下两种方法。

方案一

①将SST（丰田专用维修工具）与TDCL连接。

②将点火开关打至“ACC”或“ON”约6s。

③用TC端子启动，在1.0+0.5s周期内，交替地将TC端子与各个端子搭铁2次，最后将TC端子搭铁几秒。

④在进行清除程序后的几秒内，报警灯会以50ms的周期闪烁，表示诊断代码已经清除。

方案二

使用丰田专用检测器（IT2）将IT2与TDCL连接，根据检测器屏幕上的提示，逐步清除诊断代码。

4. 安全气囊的修理

当安全气囊发生故障时，最普遍使用的是丰田专用检测器（IT2）。按以上检测方法检测出故障，通过该仪器进行修理。

进入丰田专用检测器（IT2）相应界面，选择AUTO（自动）。再选择相应车型和出厂年份，然后检测。根据提示逐一清除故障，故障解除后，最后清除故障码。切记要再次进入系统，重新检测一下，确认无误后方可。

5. 安全气囊的废弃

（1）首先准备一个蓄电池作为张开安全气囊的电源。

（2）使用相应工具，拆下气囊总成。

（3）用车辆维修线束绑住气囊总成。在总成上安装2个螺母，将线束缠在总成的双头螺柱上，将总成放在轮胎内侧，气囊朝里张开（切记线束要绑紧，否则会由于张开时的冲击而飞出）。

（4）检查专用工具的功能。

（5）放置轮胎（绑有总成的轮胎下面至少应放置2个轮胎，绑有总成的轮胎上面至少应放置2个轮胎，顶部轮胎应有钢圈；用2条线束将轮胎绑在一起）。

（6）安装专用工具。

（7）弃置气囊总成。

注意

放开时，总成会很热，所以应将其放置至少30min；处理已张开气囊总成时，戴上手套和护眼镜；不能往张开气囊总成上泼水；操作完成后，一定要洗手。

情境二：中控门锁和防盗系统的检测与故障诊断

一、中控门锁的检测与故障诊断

（一）中央门锁系统结构组成及其原理

中央控制门锁系统结构如图7-4所示，主要由控制部分和执行机构组成。其中控制部分主要包括门锁开关和门锁控制器。

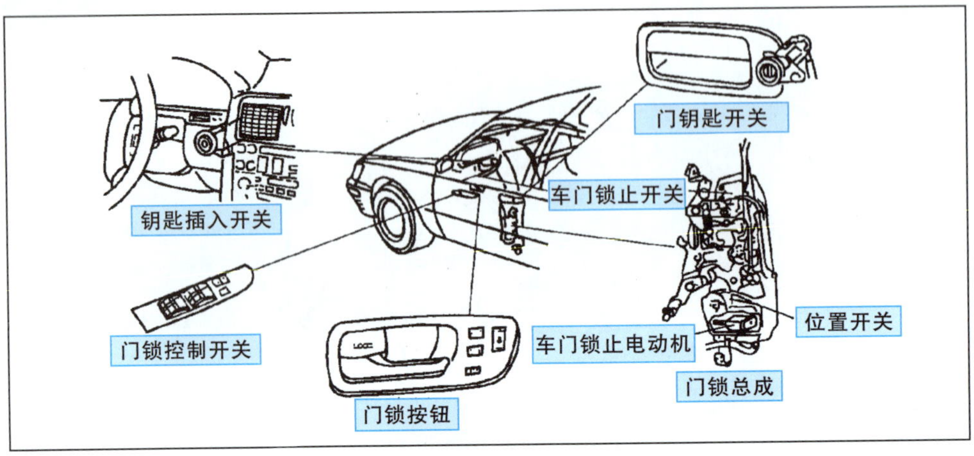

图7-4 中央控制门锁系统结构

1. 门锁控制器

（1）晶体管式门锁控制器

晶体管式门锁控制电路如图7-5所示。

该门锁控制器内部有两个继电器，一个控制锁门，另一个控制开门。继电器由晶体管开关控制，它利用电容器的充放电过程控制一定的脉冲电流持续时间，使执行机构完成锁门和开门动作。

（2）电容式门锁控制器

电容式门锁控制电路如图7-6所示。

该门锁控制器利用电容充放电特性，使开锁或闭锁继电器线圈产生电磁力，接通执行机构电磁线圈，完成开锁或闭锁动作。平时电容器充足电，工作时把它接入控制电路使电路放电，使两电路中之一通电而短时吸合。电容器完全放电后，通过继电器的电容中断而使其触点断开，门锁系统不再工作。

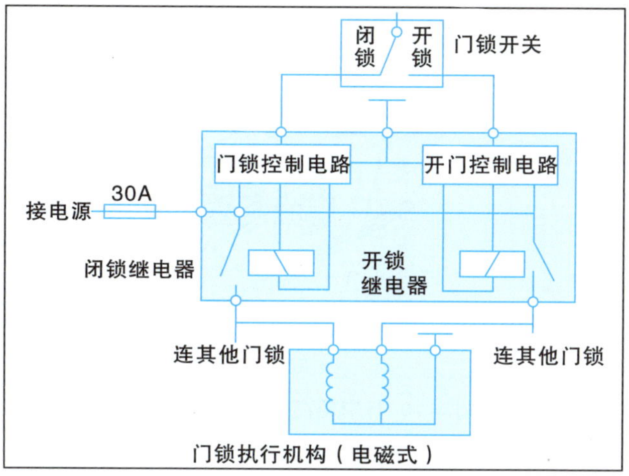

图7-5 晶体管式门锁控制电路

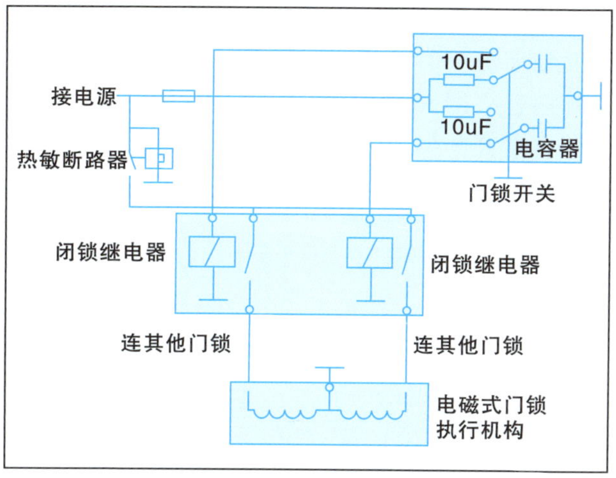

图7-6 电容式门锁控制电路

2. 门锁开关

（1）晶体管式门锁控制器

门锁控制器的工作状况是由门锁开关控制的。

中央控制门锁开关安装在左前门和右前门的内侧扶手上，如图7-7所示，是在车内用来控制全车车门的开启与锁止。

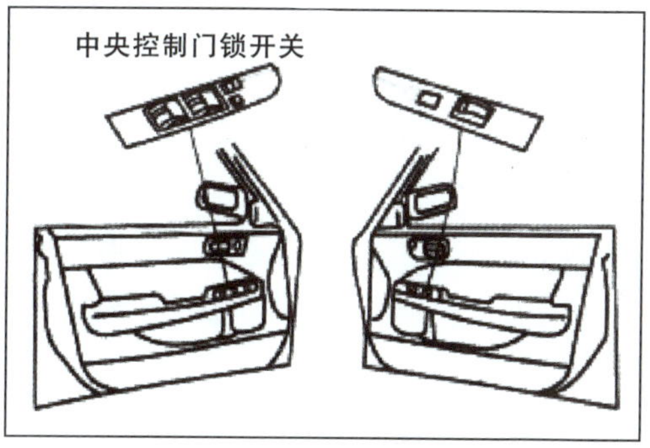

图7-7 中央控制门锁开关

（2）钥匙控制开关

钥匙控制开关装在左前门和右前门的外侧门锁上，如图7-8所示。当从车外面用车门钥匙开车门或锁车门时，钥匙控制开关便发出开门或锁门的信号给门锁控制ECU，实现车门打开或锁止。车门钥匙的功能是实现在车门外面锁车或打开车门锁，同时车门钥匙也是点火开关、燃料箱、行李箱等全车设置锁的地方共用的钥匙。

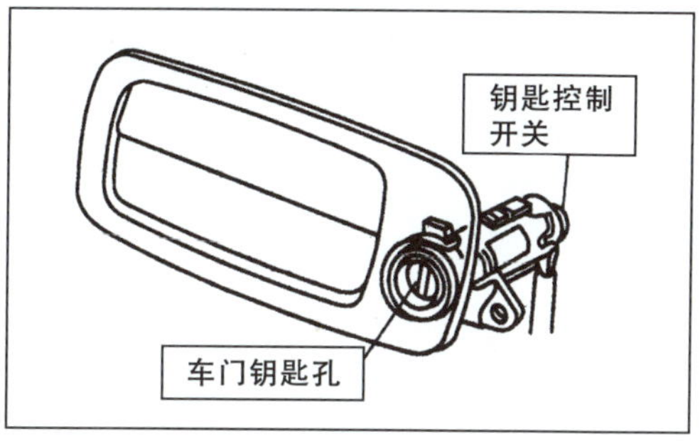

图7-8 钥匙控制开关

（3）行李箱门开启器开关

①行李箱开启器装在行李箱门上，结构如图7-9所示，主要由扼铁、插棒式铁芯、电磁线圈和支架组成。轴连接行李箱门锁，当电磁线圈通电时，插棒式铁芯将轴拉入并打开行李箱门。线路断路器用以防止电磁线圈因电流过大而过热。

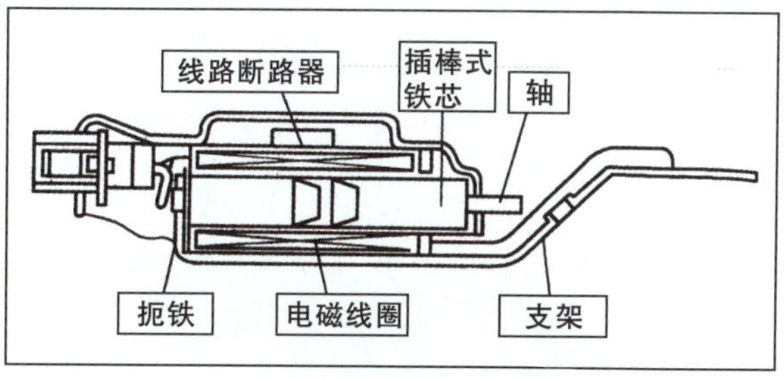

图7-9 行李箱门开启器

②行李箱门开启器开关位于仪表板下面，拉动此开关便能打开行李箱门，如图7-10所示。不同车的行李箱门开启器开关有所不同，图7-10中所示的行李箱门开启器开关操作时，先用钥匙顺时针旋转打开行李箱门开启器主开关，然后再使用行李箱门开启器开关打开行李箱。

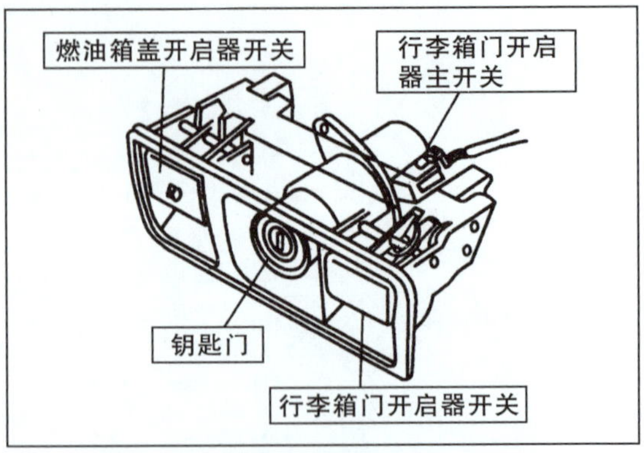

图7-10 行李箱门开启器开关安装位置

（4）门控开关

门控开关用来检测车门的开闭情况。车门打开时，门控开关接通；车门关闭时，门控开关断开。

3. 门锁执行机构

（1）电磁线圈式

门锁执行机构的任务是在外电路的控制下，使其通电极性发生改变，从而改变运动方向，带动门锁连杆机构完成开锁和闭锁的功能。（图7-11）

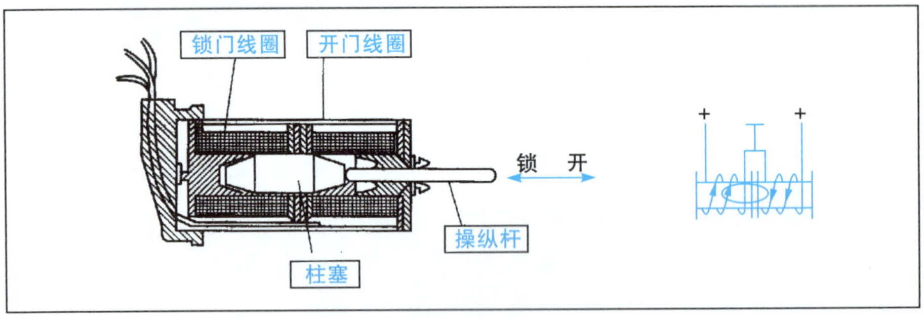

图7-11 双线圈门锁执行机构

（2）双向空气压力泵式

双向空气压力泵式中央门锁的执行机构是利用双向空气压力泵产生压力或真空，通过膜盒来完成门锁的启闭动作。以奥迪100轿车为例，其前门锁执行机构如图7-12所示，控制电路原理如图7-13所示。

①开锁原理

当用钥匙或拉出两前门的任一门锁操纵杆时，连接杆被向上拉起，车门锁执行元件中的门锁开关的开锁触点I闭合。控制单元收到此信号后，立即控制双向压力泵转动，系统管路中的气体呈正压，气体进入4个车门及行李舱的执行元件（膜盒）内，膜片推动连接杆向上运动将门锁打开。

②锁车原理

当用钥匙或按下两前门的任一门锁操纵杆时，连接杆被压下，车门锁执行元件中的门锁开关的门锁触点Ⅱ闭合，控制单元收到此信号后，立即控制双向压力泵向另一个方向运转，用以抽吸空气，系统管路中呈负压，各门锁的执行元件进入真空状态，膜片带动连接杆向下运动而将车门锁住。

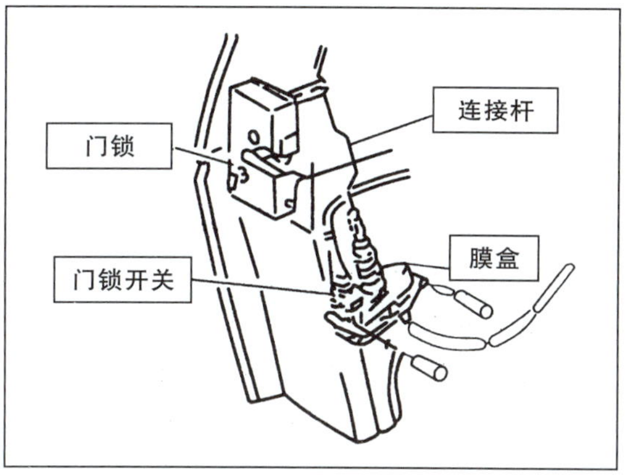

图7-12 奥迪100轿车前门锁执行机构

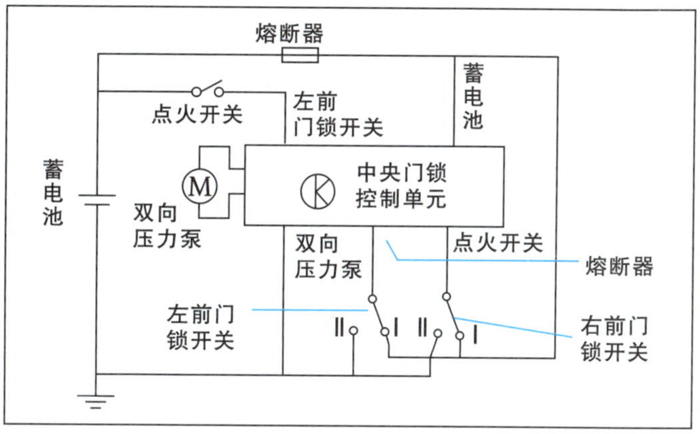

图7-13 奥迪100轿车前门锁控制电路原理

(3) 直流电动机式

直流电动机式中央门锁的结构如图7-14所示，主要由双向电动机、导线、继电器、门锁开关及连杆操纵机构等组成。

在门锁总成中（装在车门侧）由锁杆控制转动，决定门锁开/关状态。位置开关用于检测锁杆是否进行门锁开/关；门锁开关用于检测锁止机构是否进行门锁的开/关；车门开关用于直接检测车门的开/关。此外，锁杆随着门锁电动机的通电作正向或逆向旋转；或把钥匙插入钥匙孔中以手动方法进行操作，也可按动车厢内的按钮进行多种操作。

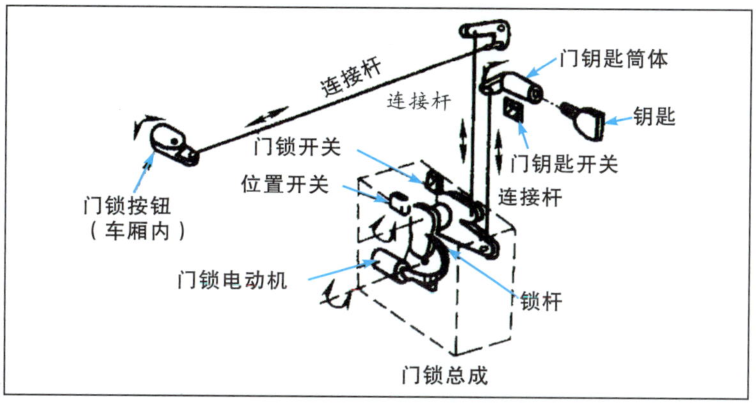

图7-14 直流电动机式中央门锁的执行机构

（二）丰田威驰轿车遥控门锁系统检修

如图7-15所示为丰田威驰轿车中控门锁系统的电路图。

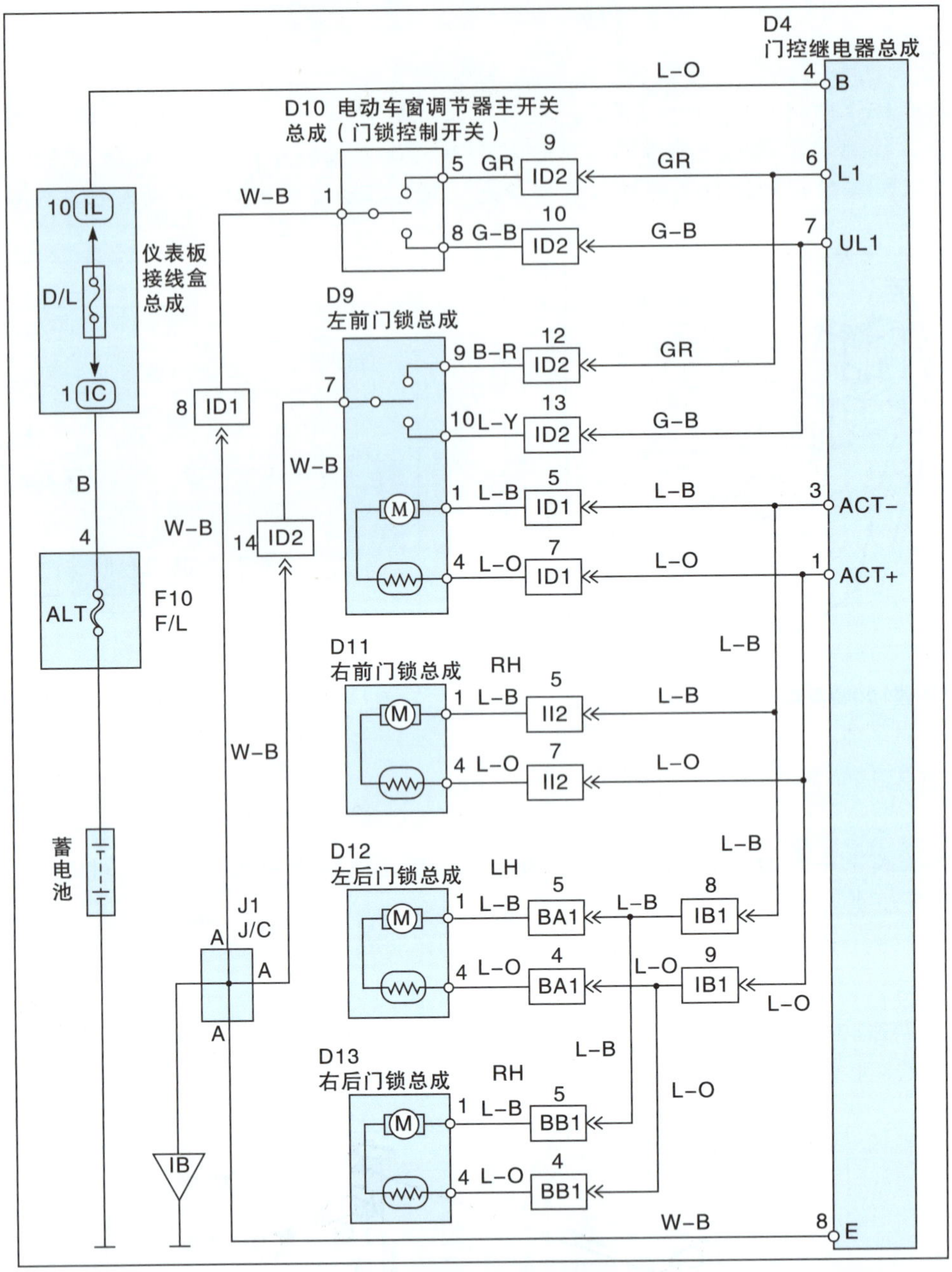

图7-15 威驰轿车中控门锁电路

1. 门锁控制开关的检查

门锁控制开关示意图和端子图如图7-16所示，端子检查如表7-1所示。

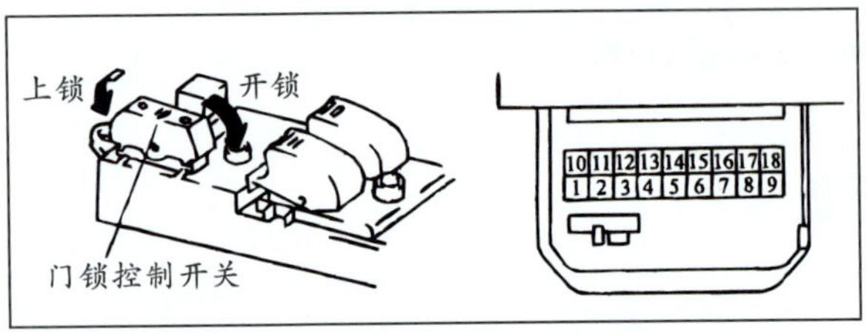

图7-16 门锁控制开关示意图和端子图

表7-1 门锁控制开关端子检查

端子号	开关位置	标准状态
15	LOCK	导通
—	OFF	不导通
18	UNLOCK	导通

2. 检查门锁电动机

门锁电动机的检查和端子图如图7-17所示，门锁端子检查如表7-2所示。

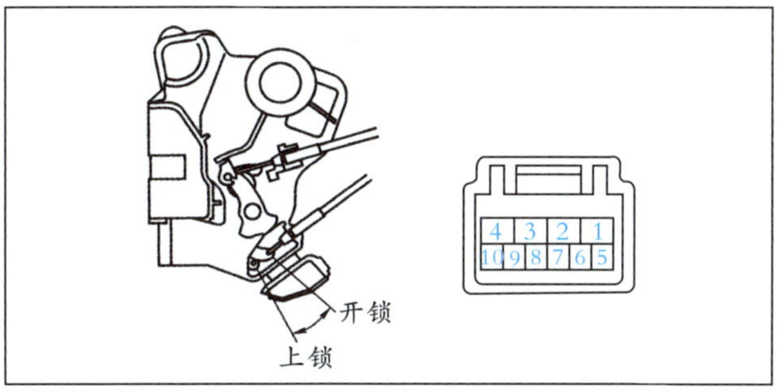

图7-17 门锁电动机的检查和端子图

表7-2 门锁端子的检查

测量条件	标准状态
蓄电池“+”—端子4 蓄电池“-”—端子1	上锁
蓄电池“+”—端子1 蓄电池“-”—端子4	开锁

3. 检查门锁总成

门锁电动机的检查和端子图如图7-18所示，门锁总成端子检查如表7-3所示。

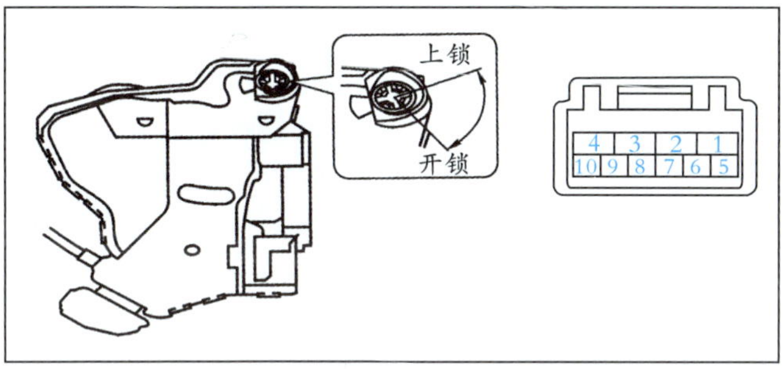

图7-18 门锁总成端子和开关的检查

表7-3 门锁总成端子的检查

端子号	门锁位置	标准状态
7-9	上锁	导通
—	OFF	—
7-10	开锁	导通
7-8	上锁	不导通
	开锁	导通

二、防盗系统的检测与故障诊断

（一）概述

1. 汽车防盗系统的分类

汽车防盗系统的类型

①机械式防盗系统。
②电子式防盗系统。
③机电结合的防盗装置。
④电子跟踪定位监控防盗系统。

（1）机械式防盗系统

①车门锁。
②轮胎锁。
③转向盘锁。
④变速杆锁。
⑤制动器锁。
机械式防盗系统虽然成本低，但因越来越不安全可靠而有被淘汰的趋势。

（2）电子式防盗系统

这是目前轿车普遍应用的防盗系统，也称为微机防盗系统。

电子式防盗系统的功能

①服务功能。
②警惕提示功能。
③报警提示功能。
④防盗功能。

电子式防盗系统的分类

①根据密码发射方式的不同，电子式防盗系统主要分为定码和跳码防盗器两种类型。
②电子式防盗系统按照开锁的方式一般可分为以下几种：

- 按键式电子门锁
- 拨盘式电子门锁
- 电子钥匙式电子门锁(电子钥匙锁)
- 触摸式电子门锁
- 生物特征式电子门锁

③电子式防盗系统按防盗的功能又可分为以下几种：

- 断油断电装置
- 无线电跟踪装置
- 遥控中央门锁
- 车身防盗识别系统

（3）机电结合的防盗装置

机械式防盗装置坚固可靠，电子防盗装置编程密码难解，把两者的优点结合起来则构成了机电结合式的防盗装置。

机电结合类防盗锁采用机械式锁坚固的优点，结合无线遥控操作，使机械式与电子编程密码技术合二为一。其目的是注重防盗，因而无报警的噪声污染，安装专业化强，因此破解也难。

“无人油路锁”和“强中强制动锁”是两个典型的机电结合的防盗装置。它们都是使用专用工具被安装在汽车的底部既安全又隐蔽的部位，用机械方式锁住，用电子方式控制，除车主外其他人很难破解和拆除。

“无人油路锁”的作用是用机械方式锁住汽车燃油泵的供油油路，中断供油。

“强中强制动锁”的作用是用机械方式锁住汽车的制动油泵，使车轮处于制动状况。

这类锁的安装是在使用专用工具的情况下安装在汽车底部的安全处，因此破解难度相当大，只是价格稍贵。

（4）电子跟踪定位监控防盗系统

这种防盗系统是随着卫星通信等高科技电子通信技术的发展而得以实现的，在技术上是先进可靠的。它分为卫星定位跟踪系统（即简称GPS）和车载台通过中央控制中心定位监控系统。

上述两种防盗系统的技术含量都很高，要实施这一系统，应和国家高科技整体实力相适应，和国家发展规划相匹配，和国家的有关方针政策法律法规相吻合。

发达国家已开始试用，由于条件的限制，我国还没有正式批量使用。不过，随着智能交通和通信技术的发展，该技术在我国必将应用在汽车领域。

2. 增强中央集控门锁控制功能

增强中央集控门锁控制功能主要采用以下4种措施：

（1）测量门锁钥匙的电阻。

（2）加装密码锁。

（3）遥控器增加保险功能。

（4）意外振动报警器。

（二）汽车防盗安全报警系统的基本组成

汽车防盗系统的基本组成如图7-19所示，一般由报警调置 / 解除装置、传感器（检测器）、防盗电控单元（ECU）、报警装置、防止汽车启动和移动装置等组成。

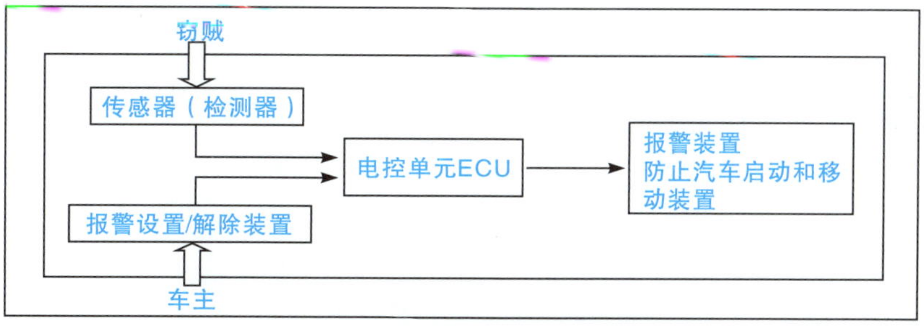

图7-19 汽车防盗系统基本组成

1. 报警调置/解除装置

当所有的车门、发动机底部及行李箱关闭时，车主通过报警调置/解除装置使所有的车门进行锁止，汽车防盗报警系统进入预警状态。当汽车防盗报警系统启动时，设在车内可见位置的工作显示灯开始工作，以保证防盗报警系统正确无误地开始工作，对小偷也是一种心理威慑。

调置方法可分为主动式与被动式两种。主动式是指用于装置启动的特别操作方式，具有暗号开关或密码电源开关板，其典型的方式是无线电或红外线遥控方式，目前市场上这种产品较多。这种方式的优点是在安装上有通用性；缺点是，容易忘记调置，发生疏漏。被动方式则是对驾车者不要求特别操作，当车门关闭后，防盗报警装置能自动进行工作，不会发生忘记装置启动的疏漏，能够提高其防盗效果。目前中高档轿车一般都采用了这种方式。

2. 传感器

（1）传感器的功能

当防盗报警系统工作时，传感器检测汽车有无异常情况的发生。当汽车被移动或车门被打开时，传感器将检测到的信号传送给防盗电控单元（ECU）。防盗电控单元根据其内部储存的数据进行比较，判断汽车是否正在被盗。如汽车被盗，防盗电控单元输出信号，控制报警装置发出声光报警信号，阻止汽车启动，切断燃油供给。

（2）盗车检测方法

汽车是否被盗，传感器主要通过以下方式进行检测：

①车门开启操作不正常或车门被撬开。

②行李箱盖、油箱盖或发动机盖被非法打开。

③汽车非法移动而产生振动、车辆倾斜。

④窗玻璃被打破。

⑤采用超声波检测入侵车厢或音响装置、轮胎脱离车辆时的报警方法。但是这种方法有时会发生误动作，并不太受欢迎。

3. 防盗电控单元（ECU）

（1）防盗电控单元的功能

防盗电控单元的功能如图7-20所示。

（2）防盗电控单元的组成

基本组成见图7-21所示，主要由输入回路、微型计算机、输出回路、A/D转换器等组成。

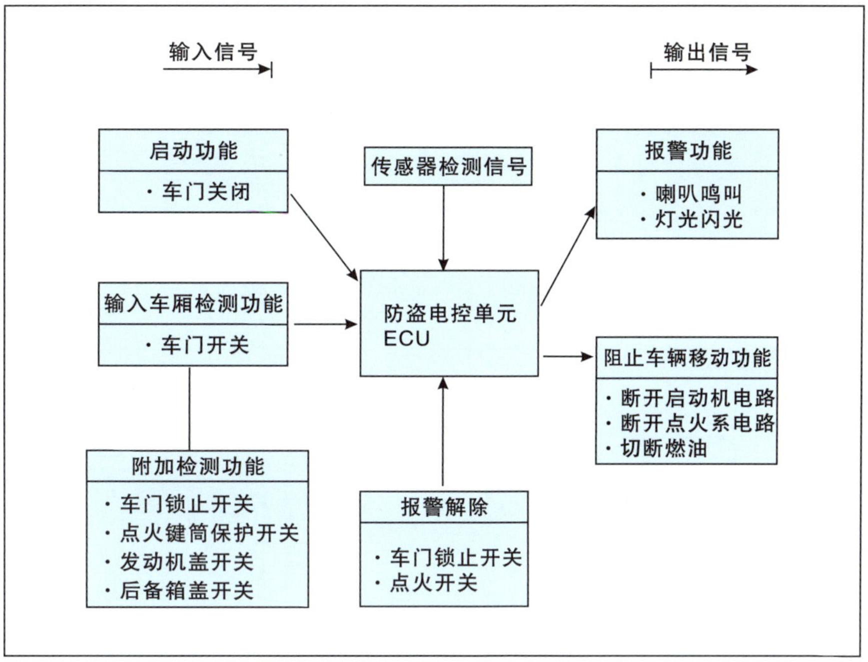

图7-20 防盗电控单元功能

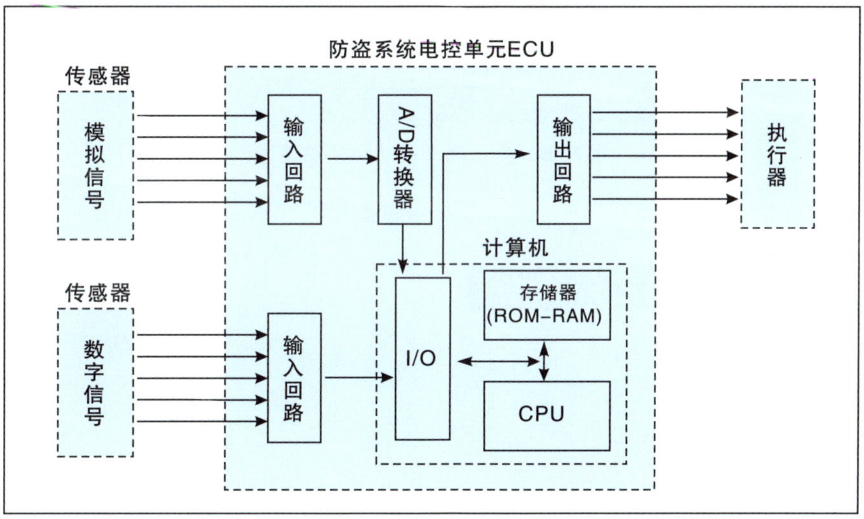

图7-21 防盗电控单元功能

4. 报警装置

当有人非法侵入车厢时，可采用以下方式报警：

（1）喇叭鸣叫，使喇叭或消声器断续发出鸣叫声。

（2）灯光闪亮的方式，使转向灯、前照灯、尾灯忽亮忽暗。

（3）采用专用喇叭与普通喇叭进行组合的报警方法。

（4）指名呼叫，用电波向车主发送警报，与汽车电话线连动，发出盗车信号。

（5）利用电波在电子地图上显示被盗车位置，便于警方追踪查找。

5. 防止汽车启动和移动装置

如图7-22所示，作为阻止车辆启动的防盗措施，主要通过切断发动机的启动电路以及通过发动机电控单元间接切断燃油供应和切断点火系电路来实现。另外也有防盗电控单元直接切断启动电路、切断燃油供应和切断点火系电路，以防止被盗车辆非法移动。

防止汽车非法启动，除切断启动机继电器的电路外，还可通过点火钥匙来防止汽车被非法启动。防盗电控单元通过点火钥匙验明身份，并输出许可信号，进行发动机启动。

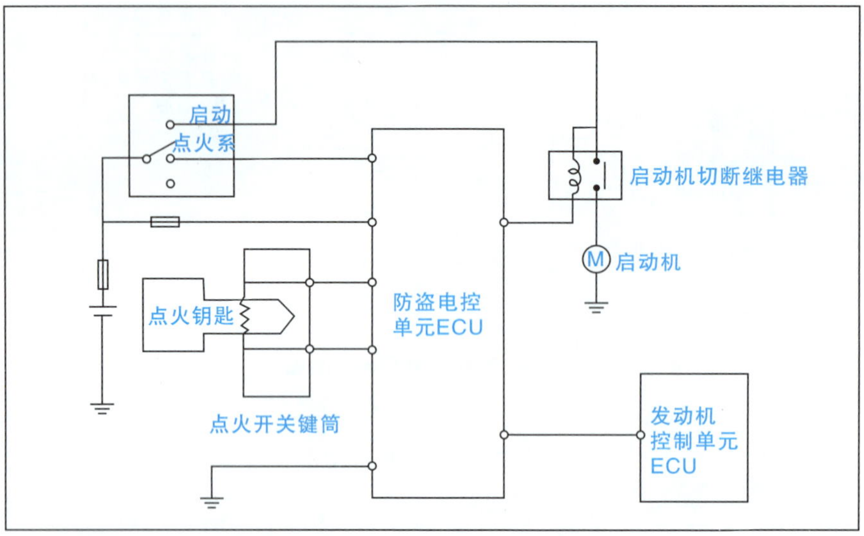

图7-22 防止汽车启动和移动装置

（三）防盗控制系统的故障诊断

1. 系统检查

（1）防盗系统的设定

①关闭所有车门。

②关闭发动机罩盖和行李箱盖。

③从点火开关锁芯中拔出点火钥匙。

④当完成下列任何一项操作时，防盗指示灯开始闪烁，并在执行操作后约30s完成防盗系统设定。防盗指示灯闪烁规律见表7-4。

a.用钥匙锁住左侧或右侧前门。

b.用门锁无线控制系统锁住所有车门。

c.保持所有后门锁住及一扇前门锁住，不用钥匙锁住另一扇前门（无钥匙门锁）。

表7-4 防盗指示灯闪烁规律

设定工作后消逝时间	指示灯
约30s内	亮
约30s后	闪烁（亮1s，灭1s）
备注：防盗系统设定后，车门不能用门锁控制开关锁定或打开，行李箱盖不能用其他的开启器开关打开。	

（2）解除防盗系统已设定的防盗功能

检查防盗指示灯是否在闪烁。如闪烁，表明防盗控制系统处于防盗状态，此时，下面任何一项操作完成时，防盗系统的防盗功能即被解除，防盗指示灯熄灭。

①用钥匙打开左侧或右侧前门。

②用门锁遥控控制系统打开所有车门。

③将点火钥匙插入点火锁芯，并将其转至ACC或ON位置时（只有在防盗系统从未工作过时，该项工作才可执行）。

④用钥匙打开行李箱，应注意的是：防盗系统仅在行李箱盖打开时临时解除；在行李箱盖关闭约2s后，防盗系统重新设定。

（3）防盗系统正在报警时的解除

完成下列任何一项操作时，防盗系统功能解除。

①用钥匙打开左侧或右侧车门。

②用门锁无线控制系统打开车门时。

③将钥匙插入点火锁芯，并转至ACC或ON位置。

（4）防盗系统工作状况的检查

检查防盗指示灯是否闪烁。

当完成下列任何一项操作时，防盗控制系统使汽车喇叭和防盗喇叭发声，前灯和尾灯闪烁约30s或1 min作为报警。其工作状况根据国家不同有所区别，见表7-5。与此同时，防盗系统禁止启动发动机，并锁住所有车门（若所有车门未锁住，系统在报警时间内每隔2s重复锁门动作）。

①用发动机罩盖开启器杆打开发动机罩盖。

②不用钥匙操纵使任一前门或后门打开。

表7-5 防盗系统的工作状况

国别	工作状况
欧洲国家（除瑞士外）	防盗喇叭在30s内每隔0.2s响一次
瑞士	防盗喇叭连续响30s
澳大利亚和其他国家	汽车喇叭和防盗喇叭在1min内每隔0.2s重复响一次。与此同时，前灯和尾灯闪烁

2. 故障诊断

雷克萨斯LS400防盗系统的常见故障及其诊断方法见表7-6。

表7-6 雷克萨斯LS400防盗系统的常见故障及其诊断方法

故障现象			检修部位
防盗系统不能设定			①指示灯电路 ②后备箱盖钥匙操纵开关电路 ③后备箱盖控制灯开关电路 ④门控灯开关电路 ⑤位置开关电路 ⑥发动机罩控制灯开关电路
系统设定后指示灯不闪烁			指示灯电路
系统设定后	后门打开时	系统不工作	位置开关电路
	防盗喇叭不发声		发动机罩控制灯开关电路
在系统发出报警期间	汽车喇叭不发声		汽车喇叭继电器
	电路防盗喇叭不发声		防盗喇叭电路
	前灯不闪		前灯控制继电器电路
	尾灯不闪		尾灯控制继电器电路
	起动机电路未能切断		起动机继电器电路
	后门锁处于打开状态，不能锁住		位置开关电路（后）
系统已设定	点火钥匙转至ACC或ON时不能消除		点火开关电路
	用钥匙打开后备箱盖时仍能工作		后备箱盖钥匙操纵开关电路
即使后门打开系统仍维持设定状态			门控灯开关电路
即使系统未设定	汽车喇叭发声		汽车喇叭继电器电路
	防盗喇叭发声		防盗喇叭电路
	前灯一直亮		前灯控制继电器电路
	尾灯一直亮		尾灯控制继电器电路

课题小结

1. 汽车安全气囊系统（SRS）是一种乘员辅助保护系统，主要用来防止乘员在前碰撞事故中与驾驶室内饰件发生碰撞。

2. 安全气囊系统的故障一般有三种诊断方法，即警告灯诊断法（自诊断）、参数测量法和仪器诊断法。

3. 中央控制门锁系统主要由控制部分和执行机构组成。其中控制部分主要包括门锁开关和门锁控制器。

4. 汽车防盗系统一般由报警调置/解除装置、传感器（检测器）、防盗电控单元（ECU）、报警装置、防止汽车启动和移动装置等组成。

思考与练习

1. 汽车安全气囊系统的工作原理是什么？
2. 检修汽车安全气囊系统时应注意哪些问题？
3. 中央门锁系统由哪些部分组成？
4. 汽车防盗系统分为哪些类型？